MONARQUIA

Dados Internacionais de Catalogação na Publicação (CIP)
(Câmara Brasileira do Livro, SP, Brasil)

Dante Alighieri, 1265-1321.
 Monarquia / Dante Alighieri ; tradução,
introdução e notas de Hernâni Donato. —
São Paulo : Ícone, 2006.

 Título original: De Monarchia
 ISBN 85-274-0857-0

 1. Dante Alighieri, 1265-1321 - Monarquia -
Crítica e interpretação 2. Monarquia 3. Poder
(Ciências sociais) 4. Política I. Donato, Hernâni.
II. Título.

06-0432   CDD-321.6

Índices para catálogo sistemático:
1. Monarquia : Ciência política 321.6

Dante Alighieri
MONARQUIA

Tradução, Introdução e notas de
HERNÂNI DONATO

Ícone
editora

© Copyright 2006.
Ícone Editora Ltda.

Capa
Meliane Moraes

Diagramação
Meliane Moraes

Tradução, Introdução e Notas
Hernâni Donato

Revisão
Rosa Maria Cury Cardoso

Proibida a reprodução total ou parcial desta obra, de qualquer forma ou meio eletrônico, mecânico, inclusive através de processos xerográficos, sem permissão expressa do editor (Lei nº 9.610/98).

Todos os direitos reservados pela
ÍCONE EDITORA LTDA.
Rua Anhanguera, 56 – Barra Funda
CEP 01135-000 – São Paulo – SP
Tel./Fax.: (11) 3392-7771
www.iconelivraria.com.br
e-mail: iconevendas@yahoo.com.br
editora@editoraicone.com.br

ÍNDICE

Introdução, 9
Algumas Datas para Ajudar a Compreensão do Momento Histórico e das Razões que Motivaram Dante a Escrever *Monarquia*, 27
Bibliografia, 28

Livro Primeiro
Necessidade da Monarquia, 29

Livro Segundo
Legitimamente, o Povo Romano Assumiu a Monarquia, ou seja, o Império, 59

Livro Terceiro
A Autoridade do Monarca, ou seja, do Império, Emana Diretamente de Deus, 97

Dante era partidário de que o Papa tivesse uma posição menos preponderante em relação ao Imperador. E com isto começa o Renascimento político...

AFONSO ARINOS DE MELLO FRANCO

Pensamento Político no *Renascimento*

INTRODUÇÃO

HERNÂNI DONATO

DANTE

O Poeta que na *Vida Nova* prometera dizer de Beatriz "o que jamais foi dito de mulher alguma", mereceu durante estes seiscentos anos o que jamais foi dito de escritor algum. Dele, Papini afirmou estar "fora das categorias fechadas, acima das divisões contingentes, além do sim *e* do não". Paolo Revelli observou ser "inacreditável como Dante somava em si quase toda a cultura ocidental". Comte situou na obra do florentino "a incomparável epopéia em que até aqui reside o melhor título da arte humana". T. S. Elliot elegeu-o "o mais universal dentre os Poetas". Goethe registrou não ser ele "simplesmente um grande engenho, mas uma natureza". Boccaccio aclamou-o teólogo – *theologue Dante*. O Papa Bento XV reconheceu na *Divina Comédia* uma espécie de quinto evangelho.

Poucos outros autores foram tão versáteis.

Nas *Epístolas* encontramo-lo juiz, profeta, político, crítico. Em *Quaestio de Acqua et Terra*, cientista, pesquisador, professor. No *Convívio*, enciclopedista preocupado com o fixar para o futuro a cultura daquele instante. Em *Vida Nova*, a juventude postada entre a lembrança e a esperança, propondo caminhos poéticos. *De Vulgari Eloquentia* revela o entusiasta da causa do povo, insistindo em falar nacional antecipando pela língua e a cultura a unificação da península. Quanto ao seu Poema principal, basta anotar que ele intitulou-o apenas *Comédia* – ainda que ao paladar do tempo – mas as gerações entenderam acrescentar-lhe o *Divina* e mais ainda, por consenso, aclamá-la "a mais original criação poética que a literatura universal possa registrar". Em *Monarquia*, somos apresentados ao Dante pensador social.

MONARQUIA

Nesta obra, o autor reuniu o pensamento político do qual dera antecipações e ângulos diversos em escritos precedentes. Aqui, devemos-lhe especialmente o ter definido o comportamento, a expectativa política daquele momento, posicionamento esse que influindo, entre outras influências, no voluntarismo de Ockham e na espécie robusta de *Virtu* da qual Marsílio de Pádua se fez o anunciador, abriu uma das portas do edifício político da sociedade moderna.

Monarquia, insistindo na separação dos poderes regedores da sociedade, pregando o respeito entre eles e a submissão dos mesmos à liberdade do homem, realizou a revolução sócio-político-filosófica que consistiu no quebrar irremediavelmente aquele que parecia linha reta e imutável do poder: Deus-papa-imperador. Quebrou-a e dobrou-a em triângulo eqüilátero capaz de garantir a paz social e a felicidade terrena: Deus no ápice, papa e imperador nos lados, o povo na base. A rigor, o que veio depois, em terreno de ideário político, acompanhou essa figura geométrica e embora não houvesse nela inovações sobre o conhecimento dos gregos e dos romanos, coube-lhe o indiscutível mérito de revivê-las em tempos e sítios desfavoráveis ao clamar pelo direito do homem viver em paz, realizando a sua felicidade material e preparando, conforme o seu livre pensar, a destinação futura da sua alma.

Tudo considerado, Ettiene Gilson, notório medievalista, encontrou-se forte de razões para proclamar *Monarquia* "livro notável, ao qual poucas obras de filosofia política da Idade Média podem comparar-se". Ivan Lins anotou que "por aí se vê não ser Dante apenas poeta, mas ainda pensador e pensador profundo e original". Adolfo Ravá, da Universidade de Roma, salientou o reconhecimento pelo autor da "autonomia e da dignidade dos fins da civilização humana, talvez o traço do pensamento dantesco que mais claramente antecipou o pensamento moderno".

Se o livro, escrito por razão contingente e local, resultou universal e intemporal, deve-o a certa prioridade e à lúcida coragem com que abordou problemas de permanente interesse para o homem. Entre essa antecipação de alerta social, Ravá distingue o da "incompatibilidade entre a soberania absoluta dos Estados e o ideal de paz; a necessidade de serem o direito e a justiça tomados como base para a convivência entre os homens".

Divulgado, *Monarquia* teve contra si papas e reis, juristas e teólogos. Por si, o favor dos povos e dos tempos. Porque muito incomodou, alcançou muito.

DO QUE É FEITO O LIVRO

Afirmou-se que em todos os escritos de Dante, "a compreensão que merecem exige seja o palco descortinado de variadas e diferentes posições de observação". O autor mesmo encorajou tais especulações mediante pronunciamentos do tipo constante da *Epístola XIII* dirigida ao senhor de Verona, no qual sugere serem quatro os sentidos superpostos com que dera estrutura ao seu Poema: o literal ou histórico, o moral, o figurado ou alegórico e o anagógico ou místico. As "diferentes posições de observação" parecem existir também em relação à *Monarquia*. Quiseram-no alguns apenas catilinária contra os papas belicosos daquele período, esforçados na tentativa de afirmarem a primazia do sólio sobre o trono. Há, de fato, em *Monarquia*, oposição a tal propósito. Porém, há muito mais.

Encontra-se aqui a defesa da independência harmoniosa dos poderes, a precedência do homem sobre o Estado – este existindo para aquele, a inconformidade do intelectual participante, lúcido, preocupado com o seu lugar, o seu tempo e o tempo futuro, o posicionar-se contra a internacionalização dos conflitos entre potências (reino francês *versus* príncipes alemães) a dano de povo cuja culpa seria a de habitar o território disputado.

Nem se tome Monarquia pelo sentido moderno da palavra: oposição à república, mas pela acepção medieva que é a da unidade capaz de localizar e de solucionar problemas terrenos do mesmo modo como a unidade divina eliminaria, se existissem, problemas da vida celestial. A unidade – pelo menos a da Europa cristã – a paz, a ordem, vale dizer a felicidade do homem, seriam alcançadas, com a submissão geral ao imperador coroado em Roma. O móvel imediato do tratado, portanto, seria o de recomendar, aquela aceitação "a todos os reis da Itália e aos senadores da cidade vital, aos duques e aos marqueses e a todos os povos".

Ademais, *Monarquia* não teria sido escrito se autor e obra não se identificassem tão completamente. As idéias expostas não eram somente as idéias dele, eram ele. E eram idéias, preocupações, daqueles dias. Dante foi sensível e fiel ao seu tempo. Homem sóbrio e sombrio, tenaz, implacável, orgulhoso; que sendo membro de governo não hesitara, para cumprir a lei, em mandar ao exílio o amigo e antigo protetor Guido Cavalcanti; tem como base do acreditar na felicidade humana que a esta são necessárias a ordem e a paz. Insiste em que o ser humano carece de paz a fim de cumprir a dupla finalidade (uma ditada pelo físico; a outra, pela alma): viver feliz na terra, preparando a felicidade do céu. Para tanto, o homem deve ser livre. Sem liberdade não pode compreender e prestigiar a ordem, nem fruir a paz, filhas, ambas, da justiça e do direito.

Essa concepção harmoniosamente catedralesca da sociedade terá sido das máximas ambições políticas da Idade Média: a ereção da Cidade de Deus, concebida por Santo Agostinho e harmonizada, no século XIII, aos conceitos aristotélicos de justiça e de felicidade. O encontrar a fórmula para essa simbiose estimulou e manteve em atividade os alquimistas espirituais de vários decênios.

E Dante foi um obcecado pela dignidade e pela liberdade. Demonstrou-o, não apenas mediante palavras. Condenado à morte em sua pátria, foi-lhe acenado com o perdão desde que pagasse multa estipulada e desfilasse vestido à penitente. Recusou, sabendo embora que ao recusar fazia confirmar a sentença e estendê-la aos filhos. Preferiu o que entendia ser a respeitabilidade pessoal.

À liberdade, além de demonstrar dedicação por meio de atos também gravemente conseqüentes, cantou hinos que viriam a constituir-se em jaculatórias recitadas por muitos liberais ao longo dos séculos. Lê-se na *Divina Comédia* (Paraíso, V, 19 a 24): "o maior bem que por sua munificência Deus concedeu ao mundo; aquele que melhor revela a Sua bondade; o que Ele tem em mais alta conta é o anseio de liberdade, do qual as criaturas raciocinantes, todas e exclusivamente, foram e são dotadas". Em *Monarquia* (I, iii, 42 a 44), insiste na idéia e na imagem: "Resulta novamente estabelecido que essa liberdade, ou o seu princípio, é o maior dom concedido por Deus à natureza humana, pois mercê dela somos felizes neste mundo como homens e, no outro, quais deuses".

Ambicionava para a humanidade um paraíso terreal – reino fraterno de paz e de justiça – retrato daquele a existir no céu. Di-lo ao dizer: "Deus é uno; o Universo é pensamento de Deus; portanto, o Universo é uno (...) A Humanidade é una (...). O gênero humano deve, pois, trabalhar unido, de modo que todas as forças intelectuais nele difundidas, obtenham o mais alto desenvolvimento possível na esfera do pensamento e da ação". Desse acreditar derivou o credo político: "para que houvesse a paz universal, necessária para que homem e humanidade bem cumprissem as suas finalidades, seria preciso uma autoridade suprema que, sobrepondo-se aos interesses de todos os Estados, fosse capaz de tornar-se o árbitro dos conflitos entre eles". Ivan Lins percebeu do que se tratava ao observar que não podendo Dante pensar em "uma constituição universal ou Carta das Nações Unidas, propunha a Monarquia Universal, a exemplo do que acontecera com a paz romana, obtida com o estabelecimento do Império, quando Roma obedecia a Augusto e o mundo obedecia a Roma".

Deriva que todos quantos obstaculassem de algum modo a implantação dessa monarquia universal resultavam inimigos da paz, da ordem, da felicidade humana. Logo, inimigos de Dante. Conseqüentemente, impunha-se lhe combater os reis da França e de Nápoles, o governo *negro* de Florença, as cidades que sustentando o interesse francês recusassem o imperador alemão.

O TEMPO E O PROBLEMA QUE INSPIRARAM O LIVRO

A segunda fase da Idade Média preocupou-se à exacerbação com o problema de ser ou não o poder temporal decorrente e dependente do poder espiritual.

A questão era milenar e enraizara-se entre outras razões, em acontecimentos históricos cujo desenrolar permitira fosse apontado aos povos o lado a cujo favor a vontade divina teria tomado posição. Certas intervenções imperiais no papado, como as de Otão e de Frederico II não minimizaram aquela impressão.

O primeiro de tais eventos remonta aos dias de Átila. Quando o huno cruzou os Alpes, papa e imperador tinham sede em Roma. Valentiniano nada fez para defendê-la. Mas Leão I, no verão de 452 deslocou-se para o Míncio e dialogou com o bárbaro. Por mais interrogações e estupefação que o resultado ainda provoque, Átila ordenou o meia-volta da sua horda. Leão entrou em Roma aclamado como seu salvador enquanto Valentiniano viu-se vituperado.

No ano 800, outro daqueles fatos. Carlos Magno era senhor da Europa. Apenas o seu poder e a autoridade papal sustentavam um mínimo de ordem no mundo cristão pressionado pelos bárbaros. A qual deles – imperador ou papa – os homens deviam o manter-se um pouco acima do caos? O Natal daquele ano deu a resposta. Em Roma e não em Aix-la-Chapelle, o Papa Leão III colocou a coroa na cabeça de Carlos. Por mais surpreso que estivesse (embora haja quem sustente ter havido perfeito entendimento prévio), Carlos aceitou-a, validando o entendimento popular de que o poder temporal emanava do espiritual.

À omissão de Valentiano, à aceitação de Carlos Magno, seguiu-se a humilhação de Henrique IV, no Castelo de Canossa, no inverno de 1077. O relato, assinado pelo Papa Gregório VII, permite-nos avaliar o espanto e a certeza que terão coberto a Europa: "... apresentou-se descalço à porta do castelo, modestamente vestido, humildemente pedindo absolvição. Fê-lo por três dias, despertando compaixão a todos quantos nos rodeavam (...) Por fim, retiramos a excomunhão e o acolhemos novamente no seio da Santa Madre Igreja".

Nos dias de Dante, o poder laico, representado por Filipe, o Belo, tomaria a sua vindita, com ousadia bem maior do que a dos atos e das posições de Otão e de Frederico II.

ANAGNI: O PESO DO BRAÇO REAL

O robustecer-se do sentimento nacional dera coloração e consistência novas ao problema antigo. Filipe IV, o Belo, rei da França desde 1285, cumprindo o plano de afirmar o Estado nacional francês, decidira-se a contrastar o poder temporal do papa. Taxou os bens eclesiásticos; proibiu o envio pelos fiéis de ouro e de prata a Roma, prendeu padres e bispos. Proclamou-se soberano e não suserano; rei e senhor de quanto houvesse na França. Opôs-se-lhe papa teimoso e enérgico à sua altura: Bonifácio VIII. Sustentava este que todo governante, como todo governado, devia obediência ao vigário de Cristo. Contra Filipe, publica em 1296 a bula Clerici Laicos, impugnando a taxação dos bens da Igreja. Em 1301, a Ausculta Fili, denunciando crimes do rei e ameaçando-o com a excomunhão. Em 1302, a Unam Sanctam, insistindo na dependência de todos os homens da cátedra de Pedro.

Filipe, que até ali mobilizara juristas e religiosos no polemizar com a Cúria, abandona a casuística e decide-se pela ação física. A 7 de setembro, 1303, uma tropa de "comandos" reais, reforçada pelos romanos Colona, inimigos do papa, ataca a residência de Anagni onde estava Bonifácio. A chefia atacante, estranhamente, coubera ao primeiro dos magistrados filipinos: Guillaume Nogaret. Supõe-se haja sido quem, homem do direito, evitou o assassínio do papa que se recusava sob duras ameaças, a cancelar os documentos editados contra o rei francês. Teria bastado, talvez, aos propósitos de Filipe, a humilhação imposta ao pontífice. De fato, pouco depois, 11 de outubro, mais ferido no espírito e na autoridade do que no corpo, Bonifácio morreu.

Tendo abalado a autoridade papal, Filipe quis mais: tê-la ao seu serviço. Planejaria dar à França, se possível à sua família, o título imperial. A aquiescência papal era-lhe necessária. Ao final do curto pontificado do Benedito XI e depois de dois anos de negociações, Filipe alcançou a eleição do francês Bertrand du Got, arcebispo e não cardeal; o qual fez-se chamar Clemente V, concedeu a púrpura a vinte e três franceses entre vinte e quatro cardeais criados e transferiu a sede da Igreja para Avinhão, cidade que, sendo francesa, comodamente não pertencia à coroa mas à casa de Anjou, reinante em Nápoles, infensa a papas italianos e a imperadores germânicos.

Mais do que nunca, sem perder o aspecto de querela entre o temporal e o espiritual, a pendência se fez estratégia entre Estados: França, Nápoles, Florença e aliados italianos contra príncipes alemães seguidos por grupos gibelinos e algumas *senhorias* que no setentrião peninsular iam substituindo democracias comunais, sentindo, por isso, precisão de uma investidura que lhes conferisse algum tipo de legitimação.

E tudo isto significava dilaceração para o homem, o político, o poeta, o pensador social Dante Alighieri, já não mais florentino branco mas – no seu dizer – tendo por lar o mundo "como o peixe tem o mar".

O MESSIAS LUXEMBURGUÊS

Em 1308, falecendo Alberto da Áustria, julgou Filipe, o Belo, chegada a oportunidade própria para dar trono e coroa ao irmão, Carlos de Valois. Acostumado a obter do Papa Clemente a satisfação dos seus quereres, indicou-o. Mas Clemente, bem conhecendo o desconforto com que se movia entre os caprichos de Paris e de Nápoles, ponderou que a situação tornar-se-ia insuportável se mais um francês, da casa e sob o mando de Filipe, assumisse as coroas da Alemanha, da Itália e do Império, por menos que, na prática, aqueles títulos traduzissem poderio.

Resistiu à indicação de Carlos, mas, para não parecer que provocasse a Filipe e a Roberto, indicando um candidato prestigioso e forte, apontou um príncipe provinciano, súdito de Filipe, romântico e quase pobre: Henrique do Luxemburgo. Pela encíclica *Divinae Sapientiae* proclamou-o imperador, prometendo coroá-lo, pessoalmente.

Sucedeu que o deslumbrado Henrique acreditou-se missionado para unir, pacificar e dar lustro ao império. Em

Spira, 1310, anunciou aos surpresos príncipes eleitores, a decisão de ir à Roma para fazer-se coroar. Era esse um costume já em desuso, eis que o título não valia os gastos elevados e os aborrecimentos que a dividida e tumultuada Itália proporcionava. Mas Henrique decidira-se a fazer o que haviam feito Carlos Magno e Barbarroxa.

À notícia, a Itália inflamou-se. E dividiu-se. Nápoles e Florença gritaram *não* e tomaram armas. Os gibelinos, os guelfos brancos florentinos, no exílio, então muito próximos dos gibelinos, alguns dos novos titulares de *signoria*, aplaudiram, fazendo ato de submissão ao pretendente. O propósito de Henrique era a paz, o resultado de sua mensagem, a guerra. Pois Filipe admoestou Clemente, na prática proibiu-o de presidir a coroação e insuflou Roberto à resistência.

Daí porque, bem ao modo de ser medieval e peninsular, Dante procedeu para com Filipe, como este procedera para com Bonifácio: não o perdoou. Fustigou-o com a sua arma: versos. No canto VII do Purgatório mostra-nos Filipe III e Henrique III, reis e parentes de Filipe, explicando-os: "o pai e o sogro do *mal da França*, conhecendo a sua existência indigna, dela fazem a culpa que lhe atiram". E não poucos exegetas da *Comédia* identificam Filipe no gigante que no canto XXII do Purgatório figura beijando e tentando possuir a prostituta (dizem-na retrato da avidez da Cúria) que se apossara da direção do carro da Igreja.

À Florença, centro, alma e financiadora da resistência a Henrique, mais do que hostilidade, Dante vota aceso ódio. Ela se constituíra no inimigo principal, o mais rico, o mais próximo, o mais ativo, capaz de forjar aliança entre Bologna, Luca, Pistóia, Volterra, reunindo um exército anti-henriquino. E que, não contente, dirigira a Clemente um apelo para que fosse anulada a indicação do luxemburguês. Aquela não era a *sua* Florença; aquela Florença *negra*, francesa, napolitana, precisava ser combatida, até mesmo destruída, para que

Henrique reinasse e desse à Europa império digno dos dias de Augusto. A 31 de março faz conhecida a desesperada epístola aos *sceleratissimi fiorentini*, intimando-os à submissão. A 16 de abril, outra epístola, agora a Henrique, recomendando e exigindo que ataque e arrase Florença, somente assim abrindo caminho para Roma e o trono. Não se trata de um pedido, mas sim de uma quase ordem ao imperador: ai dele se hesita ou tergiverse nessa ofensiva — a ira divina haverá de marcá-lo e puni-lo, à sua vez.

Por este detalhe nada protocolar, ou não somente por ele, fato é que Henrique nem respondeu nem jamais referiu-se à tal epístola. Encontrava-se atolado em dúvidas, indecisões, surpreso ante as complicações políticas para as quais não estava preparado.

O PRETENDENTE E O SEU PALADINO

Henrique VII foi descrito como "indeciso, inquieto, medíocre, inferior ao destino prometido pelos gibelinos e pelos alemães saudosos de Frederico Barbarroxa". Dante não viu ou não terá querido deter-se em tais fraquezas, concentrando-se no exaltar-lhe as possibilidades.

Assim, o que de melhor sucedeu ao luxemburguês foi o ter encontrado no poeta "digníssimo arauto, inesgotável e fecundo em bênçãos e delirantes hinos". Ainda quando se admita indiferença e até o desconhecimento de Henrique em relação a seu entusiasta partidário e os escritos deste, é ao escriba errante que o imperador deve ocupar na História lugar mais digno do que o atribuído aos disputantes mal sucedidos.

Eis, para exemplificar, como Dante anuncia aos povos da Itália a chegada do Esperado: "Todos os que têm fome e sede de justiça saciar-se-ão à luz dos seus olhos; e aqueles que amam a iniquidade serão confundidos pelo esplendor do seu rosto".

Convencido do contrário, o Rei Roberto que com o exército napolitano e milícias toscanas ocupara Roma visando a impedir a coroação de Henrique, fez preparar recurso jurídico pleiteando do papa a anulação do voto dado ao luxemburguês.

Antes que a pressão de Filipe, de Florença e de outros Estados e do colégio cardinalício manipulado desde Paris compelissem Clemente a ceder, fazia-se necessário um contradocumento. Militarmente, é pouco o que ele pôde fazer. Alcançou obter de Gênova e de Pisa oitenta galeras com que atacar Roberto na própria Nápoles. Porém Filipe agiu e Clemente proibiu a expedição sob a pena de excomungar a quem violasse as fronteiras napolitanas.

Tudo o que Henrique fez, a 26 de abril, foi condenar o Rei Roberto. Um nada no plano dos compromissos entre Estados e bem pouco para comover os indecisos e reconquistar os abalados.

A OBRIGAÇÃO DE ESCREVER O TRATADO

Querem alguns que *Monarquia* tivesse sido esboçado ainda ao tempo em que o autor produzia o *Convívio*. Outros, que se seguiu ao fim do sonho henriquino. A maioria admite haver sido escrito, à pressa, no verão de 1313, enquanto Clemente hesitava, pressionado; Florença, Nápoles e aliados cerravam fileiras e Henrique ia e vinha, desgastando-se.

Havia, pendente, o pedido ao papa para o cancelamento da indicação. Fora elaborado pela sutileza de juristas habilidosos a partir de elementos fornecidos por teólogos, filósofos, historiadores.

Ao nível destes é que Henrique precisa de ser justificado mediante a elaboração de outro documento, de consistência e autoridade. Não havia muito tempo nem entusiastas da causa imperial prontos para darem o seu concurso. Dante avocou a missão e planejou a *Monarquia*.

O alvo são os juristas, os teólogos, os conselheiros autores da impugnação a Henrique. Refere-se a eles seguidamente: "juristas presunçosos", "furiosos e insensatos (que) atiram-se contra a primazia romana", "reis e príncipes (...) acumpliciados em objetivo iníquo: contrapor-se ao seu senhor, o ungido Príncipe Romano".

Enquanto Henrique, sustentado pelos aliados italianos Santafiora e Anguillara abre caminho lutando e lutando rua por rua toma Roma aos napolitanos e aos toscanos; Dante, clausurado no Casentino, escreve o tratado. A única pausa que se concede é destinada a compor uma canção – *Virtù Che il Ciel Movesti a sì Bel Punto* – celebrando a coroação imperial, ocorrida a 29 de junho, em Latrão, não pelo papa que Filipe proibira sair de Avinhão, mas por três cardeais. A pressa na composição do livro explicaria o apressado de algumas conclusões.

REAÇÕES

É de se supor que o autor avaliara as repercussões e as conseqüências do texto. Indicando a Henrique a destruição de Florença, estaria seguro de vir a ser lido pelos seus patrícios, perdendo com isso as derradeiras possibilidades de alcançar o perdão. De fato, sem tardança, Florença reclama de Tegrimo Guidi di Modigliana, que o tinha como hóspede, a entrega do escritor panfletário. Tegrimo acende vela a Deus e outra ao diabo: diz sim aos reclamantes mas alerta o reclamado para que abandone o castelo. Na primeira curva, o fugitivo defronta a escolta florentina: Está no castelo um certo Dante? Tendo que responder, não respondeu mentira: "Quand'io v'era, ei v'era". Diremos que "se non è vero..."

Monarquia estava pois destinado a causar-lhe aborrecimentos. A menos que Henrique triunfasse. Porém Henrique morreu ingloriamente em Buonconvento (24-08-1313), logo depois da conclusão do livro ou estando este ainda incompleto. Esfumado o sonho henriquino, ficou o texto que marcaria, mais do que um tempo, um pensamento. E pouco mais do que o livro restou a sustentar a memória de Henrique.

A frágil união em favor do vivo desfez-se diante do morto. Mas Dante, de cuja aproximação pessoal do imperador sequer se tem notícia certa, não o abandonou. Além de *Monarquia*, situou Henrique em lugar privilegiado do Paraíso: logo abaixo da Mãe de Deus e vizinhando Beatriz. Provindo dele, isso foi realmente o máximo.

O livro *Monarquia* aborrecera a reis e ao papa. Revidaram. A corte partenopéia acionou polemistas que esvurmando o escrito dantesco disseram-no vazio de significado e de importância, falto de lógica e carente de estrutura científica. Além do que, Nápoles tinha por si a morte do inspirador do escrito. Para o Rei Roberto, o livro seria esquecido depressa.

De seu lado, os defensores da precedência do papado sobre o império não arrefeceram, nem mesmo quando a Igreja voltou a Roma. Exemplar de *Monarquia* – fulminado como herético, foi queimado em público por ordem do cardeal Poggetto, legado pontifício na Lombardia. Contudo, Dante jamais foi acusado de acatólico ou anticatólico. Ninguém, nunca, pôs em dúvida a sua ortodoxia. É certo que na Cúria os juízos modificaram-se com alguma brevidade. Século e meio depois de Poggeto, Leão X, papa e florentino, filho de Lourenço de Médici reclamou as cinzas do escritor para inumá-las gloriosamente em Florença. E foi o pai do famoso Cardeal Bembo a encomendar ao não menos famoso Pietro Lombardo, o *freggio* que festejado como obra-prima, ornou o túmulo de Dante. Apesar dessas reparações eloqüentes, somente sob o pontificado de Leão XIII (encerrado em 1903) é que *Monarquia* foi retirado ao Índex do qual passara a constar em 1559.

UTOPIA POLÍTICA DE INTERESSE PERMANENTE

Ademais de obra polêmica, feita para servir à uma situação em um tempo determinado, *Monarquia* resultou em visão "ideal do ordenamento humano", no entender de F. Chiapelli. Attilio Momigliano encontrou nas teses defendidas por Dante "doutrinas originais, não tomadas individualmente mas no conjunto e nos modos de demonstração", em decorrência do que "ocupa efetivamente o seu lugar na literatura das utopias políticas". Momigliano aponta-nos uma razão especial para a importância do livro: "a utopia deste trabalho possui um caráter grandioso e universal em que se reflete o espírito soberano que ousou e soube sistematizar num poema a história eterna da humanidade".

Outros não entendem necessário ligar *Monarquia* à *Divina Comédia* para reconhecer-lhe grandeza. Alfred Sauvy observou que "o caráter comum de todos os utopistas (...) é que vêem uma sociedade melhor administrada que a atual, sem se preocuparem com o caminho que nos levará a ela, em particular, os primeiros metros". Na longa relação dos "fabricantes de ilhas felizes", Dante destacou-se porquanto ao passo em que os precedentes alongavam-se em detalhes do futuro realizado, omitindo o traçado do "caminho que nos levará a ela", sinalizou o seu roteiro de viagem para a bem-aventurança: a limitação de alguns poderes do Estado que restringem a atividade individual, a interdependência e harmonia (relação de primogênito e progenitor) entre os poderes, a valorização do espiritual e mais do que isso, do religioso.

Mas o livro não deixou de ser utopia. Utopia política: o império universal assegurando a paz e a felicidade pessoal e coletiva. Mesmo a unidade política da península italiana sob um cetro, teria de esperar muito tempo. Tommaso Campanella teria a oportunidade de voltar ao assunto, ao sonho. Fê-lo, ao publicar, 1633, a *Monarquia do Messias*, utopia quiliasta: monarquia universal teocrática vocacionada a preparar o mundo para a vinda de Cristo Julgador. Campanella, permanecendo no terreno utópico, aproximou-se e ao mesmo tempo contrapôs-se a Dante. Aproximou-se, 1635, com o livro *Monarquia Delle Nazione*, ao insistir na idéia da monarquia universal como solução para os problemas do mundo. Afastou-se, quando para alcançar aquele objetivo propôs fosse a Espanha alijada e substituída pela França como núcleo do império universal e na condução da cristandade.

A ESTRUTURA DE MONARQUIA

São três as partes ou livros.

O primeiro livro intitula-se *Necessidade da Monarquia*. Esta seria, conforme o figurino do tempo, organismo político único, universal. A idéia central tem a sustentá-la argumentos medievais: só o que é reduzido à unidade pode ser perfeito; existindo um Deus, somente poderá existir um soberano; o objetivo da vida humana é o de fruir na terra a felicidade temporal, preparando o gozo eternal no céu. Fruição e preparo que apenas ocorrem reinando a paz. Para que a paz reine, faz-se necessária a ordem, vista igualmente como harmonia. Portanto, não haverá harmonia, ordem e paz – a felicidade humana, enfim – permanecendo a humanidade dividida entre Estados soberanos, as mais das vezes conflitantes. Em decorrência, Dante pleiteava limitações às soberanias dos Estados. A conclusão deste primeiro livro é a de que a Monarquia, autoridade suprema e única, dispondo criteriosamente do poder de solucionar pendências entre grupos, é indispensável ao bem dos homens.

No segundo livro, *Legitimamente, o Povo Romano Assumiu a Monarquia* – o esforço do autor concentra-se no oferecer argumentos e provas de que o reclamado governo do mundo cabe ao povo romano. E o que o autor entenderia como povo romano e imperador romano àquela altura do século XIV é questão que tem dado alento à apaixonadas polêmicas. Dante cria, acima de quaisquer outros argumentos, em que eram muitos os sinais religiosos e históricos garantidores da predominância, porque predestinação, de Roma e dos romanos. O mais categórico daqueles testemunhos seria o haver Cristo desejado nascer em região e época sob o domínio romano. Outro: nenhum povo quanto o romano cultivou o direito e respeitou a justiça. Sem justiça e sem direito não há ordem nem paz. Conseqüentemente, aos romanos cabe o império do mundo.

Dando por estabelecidas as afirmação dos livros primeiro e segundo, o terceiro livro desenvolve questão crucial: o governo temporal não emana nem depende do governo espiritual. Portanto, não cabia ao papa escolher o imperador. (Sendo assim, Clemente V não disporia de autoridade para impugnar Henrique VII. Nem outro papa, a qualquer tempo, inclinado a servir ou sob pressão de Estado ou grupo político, indicar um imperador.) Assim como o homem é duplo na sua constituição (corpo e alma), corruptível e incorruptível; tendendo para amar a terra e para aspirar ao céu; deve ser governado por dois poderes (o temporal, sob o imperador e o espiritual, sob o papa). Concede que a felicidade temporal, de algum modo e em algum grau, se ordene pela espiritual, dado que este mundo é finito, sendo infinito o outro, o do futuro. Não mais do que isso. E com isso Dante foi, certamente, precursor do pensamento político laico.

MARCÍLIO FICINO E A SUA TRADUÇÃO

Embora destinado a ser lido em primeira mão pelos italianos, *Monarquia* foi escrito em latim. O que parecerá estranho a quem considere que pouco antes Dante escrevera *De Vulgari Eloquentia*, trabalho tido como o primeiro tratado de língua italiana, defensor do vulgar, do falar vivo do povo. E, sabe-se, ele foi instado a escrever a *Comédia* em latim. Tivesse-o feito e teria, muito provavelmente, recebido, talvez em Bolonha, a coroa de louros consagratória dos Poetas. Resistiu e escreveu-a em italiano, para ser entendido pelo povo. E ganhando o povo, conquistou a posteridade.

Por que, então, *Monarquia* em latim?

Para, em latim, contestar teólogos, juristas e conselheiros reais na impugnação às pretensões de Henrique VII. Responder-lhes na língua por eles utilizada, instrumento também da teologia, do direito, da erudição, das bulas, dos editos.

Escrito nos dias da aventura e da polêmica henriquina, *Monarquia* atravessou os tempos. Serviu para alimentar a pendência entre Luís da Bavária, candidato ao trono imperial, e o Papa João XXII. E tinha importância grande em 1467 quando Marcílio Ficino, douto entre os doutos de Florença, decidiu que o povo, expressando-se não mais em latim mas em italiano, deveria conhecer o pensamento dantesco.

Na época, traduzir era tarefa básica para os intelectuais humanistas. Estava-se em Florença e vivia-se a Renascença. Pierre Daix assinalou não ser "fortuito o fato de que a Renascença, sob todos os seus aspectos, seja uma gigantesca empresa de tradução". Will Durant não disse menos ao afirmar que "a grande obra do renascimento foi iniciada pelos tradutores".

Humanista devotado, Marcílio Ficino (1433-1495) transformou a pequena Carreggi, perto de Florença, em notável centro cultural onde reuniu homogêneo grupo de estudiosos, integrando-os em espírito de academia. Ali e com eles, entre 1462 e 1477 traduziu Platão, aprimorando essa tradução durante vinte anos, com preciosos comentários.

Compreende-se pois que haja desejado dar *Monarquia* ao conhecimento do povo. Outras traduções existem, do latim para o italiano. Também por haver sido ele quem foi e ter feito o que fez, preferimos a sua tradução para servir de base ao texto em português que oferecemos ao leitor brasileiro. Muito depois de Ficino, descobriu-se que o texto latino sobre o qual ele trabalhara havia incorporado algumas incorreções, colaboração de sucessivos copistas. Estão assinaladas em nossas notas de pé de página.

ALGUMAS DATAS PARA AJUDAR A COMPREENSÃO DO MOMENTO HISTÓRICO E DAS RAZÕES QUE MOTIVARAM DANTE A ESCREVER MONARQUIA

Bonifácio VII	Eleito papa		1294
Bulas contra Filipe IV	{ Clerice Laicos		1296
	Ausculta Fili		1301
	Unam Sanctam		1302
Atacado em sua residência de Anagni		7-9	1303
	Morreu	11-10	1303

Clemente V	Eleito papa	1305
Transferiu a sede da Igreja para Avinhão	(França)	1305
Aclamou Henrique VII imperador		1308
	Morreu	1314
Papado permaneceu em Avinhão até		1377

Dante	Nasceu	1265
Escreveu Monarquia		1313
	Morreu	1321
Primeira edição do livro – Basiléia		1329
Monarquia incluído no Índex		1559

Filipe IV, o Belo	Rei da França	1285
	Morreu	1314

Henrique VII, do Luxemburgo	Aclamado imperador		1308
	Entrou na Itália		1310
	Coroado em Roma		1312
	Morreu	24-8	1313

Roberto de Anjou	Rei de Nápoles	1309
	Ocupou Roma	
	Contra Henrique	1312
	Morreu	1343

BIBLIOGRAFIA

Afrânio Coutinho. *Médici, a Dinastia que fez o Renascimento,* revista Manchete, RJ, dezembro, 1980, pp. 76 e segs.
Attilio Momigliano. *História da Literatura Italiana.*
Augusto Comte. *Sistema de Política Positiva,* T. III.
Bíblia: *Edição da Pia Sociedade de São Paulo.* Tradução do Pe. Mattos Soares.
Dante Alighieri. *A Divina Comédia, Vida Nova, Convívio, Epístolas.*
Dante Alighieri. *Ensaio.* Edição do Colégio D. Alighieri, São Paulo.
Edmundo Cardillo. *Dante, Seiscentos Anos de Dúvidas.*
Ettienne Gilson. *Dante et la Philosophie.*
Fredi Chiapelli. *Introdução à Edição Tutte le Opere, Edizione del Centenario.*
Giovanni Papini. *Dante Vivo.*
Giuseppe Mazzini. *Deveres do Homem.*
Indro Montanelli. *Dante e il Suo Secolo.*
Ivan Lins. *Dante e o Homem Moderno* (Conferência na A.B.L.)
Paolo Revelli. *L'Italia nella Divina Comedia.*
P. Petrocchi. *Novo Dizionario Scolastico della Lingua Italiana.*
Pierre Daix. *Crítica Nova e Arte Moderna.*
Will Durant. *História da Civilização – a Renascença.*
Virgílio. *Eneida* (Seguimos a tradução popular da Companhia Melhoramentos de São Paulo, 2ª edição, Tradução de Leopoldo Pereira.)

Livro Primeiro

NECESSIDADE DA MONARQUIA

I. PROÊMIO

A preocupação principal de todos os homens, inclinados que são, por efeito de sua natureza superior, a amar a verdade[1], julgo ser esta: enriquecidos pelo trabalho dos antecessores, afanam-se para transmitir riqueza igual aos sucessores. Aparta-se dessa inclinação aquele que se assenhoreando das ciências políticas não se dispõe a transmitir à república alguns dos ensinamentos hauridos. Quem disso se exime não será aquela "árvore plantada junto à corrente das águas, que a seu tempo dará fruto"[2], mas sim, voragem pastosa, sempre a tomar, jamais a conceder. Havendo refletido longamente a tal propósito e não desejando vir a ser argüido por sonegação de conhecimentos, é meu intento legar aos pósteros não apenas exibição de ciência mas, principalmente, frutos; para tanto, tornando evidentes verdades irreveladas.

Sei ao certo que com proveito algum contribui quem não faz senão repetir proposição anteriormente desenvolvida por Euclides, ou intenta definir a felicidade já definida por Aristóteles, ou se dispõe a defender a velhice antes defendida por Cícero[3]. A repetição, por supérflua, mais certamente produzirá fastio do que utilidade.

E como dentre as verdades proveitosas porém mantidas veladas encontra-se aquela referente a monarquia temporal; sem cultivo por não resultar em lucro material imediato, propon-

---

[1] Em *Convívio*, I, 1, Dante insiste nessa imagem.
[2] *Livro dos Salmos*, I, 3.
[3] Alude aos livros: *Elementos*, de Euclides; *Ética a Nicômaco*, de Aristóteles e *Da Senectude*, Cícero.

do-me fazê-la passar das trevas à luz, ambicionando com esse trabalho ser útil ao mundo e garantir-me a glória da primazia do cometimento.

Admito tratar-se de tarefa grande e difícil, superior às minhas forças; porém dou-lhe início confiando menos em minha capacidade e mais na benevolência daquele Dispensador de virtudes que "dá a todos com abundância e sem restrições".

II (1-4). NOTÍCIA DO QUE SEJA A MONARQUIA TEMPORAL

Primo: faz-se necessário conhecer, sucintamente embora, o que seja a monarquia temporal da qual tratarei teoricamente e conforme à lógica.

A monarquia temporal, também chamada Império, é o Principado excelente, superior a todos os mais principados inseridos no tempo, ou seja, a todas as coisas mensuráveis pelo tempo.

Três dúvidas ela suscita. Primeira: sobre o ser ela necessária à boa ordenação do mundo; segunda: se foi legitimamente que o Povo Romano atribuiu-se o estatuto da monarquia; terceira: se a autoridade monárquica procede diretamente de Deus ou se por mediação de ministro ou vigário d'Ele.

Mas, porque toda verdade que por si não seja um princípio usa para evidenciar-se a verdade de um princípio dado; faz-se impositivo em qualquer perquirição científica o reconhecimento do princípio ao qual se refira a perquirição e isso porque as proposições decorrentes têm a sua certeza dependente da certeza daquele princípio. E sendo este tratado, seguramente, perquirição científica, é preciso, ao dar-lhe começo, definir o princípio cuja verdade fundamental ofereça consistência às verdades subseqüentes.

II. (5-8). A PRESENTE MATÉRIA NÃO SÓ É POLÍTICA, MAS TAMBÉM FONTE DA VERDADE POLÍTICA, SENDO, PRINCIPALMENTE, ORDENADA PARA A AÇÃO

Considere-se, desde logo, a existência de coisas não submetidas ao nosso poder, sobre as quais, portanto, nos é dado especular mas não atuar. Estão nesse caso os assuntos aritméticos e geométricos, físicos e naturais, lógicos e divinos[4]. E considere-se a existência de coisas sujeitas ao nosso poder, passíveis de especulação quanto de ação; casos estes em que não se ordena a ação pela especulação, mas somente pela mesma ação é que se consideram tais coisas, de vez que para elas o fim é a ação.

Sendo política a presente matéria – mais do que isso, fonte e princípio da verdade política – e porque a ação política está sujeita ao nosso poder – torna-se evidente que tal matéria não é ordenada pela especulação, mas pela ação. Ainda mais: dado que na ação o princípio e a causa original são o fim último, o qual anima a causa eficiente, resulta razoável o procurar no próprio fim a razão das coisas ordenadas para tal fim. Pois tem que ser diferente o corte da madeira destinada a edificar a casa do corte daquela outra reservada para a construção de barco. Vale dizer: o fim último da sociedade humana será o princípio pelo qual resultarão provadas as verdades a serem aqui manifestas. Seria desarrazoado acreditar existir um fim para esta e outro para aquela sociedade em vez de, para todas, um fim comum.

---

[4] Ter presente que o autor, bastante simpático a Aristóteles, obedecia à escolástica, para a qual o objeto da física é formado por entidades com as quais lida-se por meio da especulação de vez que não pertencem ao mundo sensível no observar de C. Soveral.

III. PRECISA-SE QUAL SEJA A FINALIDADE DO GÊNERO HUMANO

Tratemos de precisar qual seja o fim último da sociedade humana. Isto feito, conforme o filósofo escreveu na *Ética*[5] teremos cumprido mais da metade do nosso trabalho.

Para identificação de tal propósito é oportuno considerar que em razão de finalidade determinada a natureza criou um dos dedos da mão; para finalidade diversa, a própria mão; e o braço, para outra, diferente; e para ainda outra, o homem no seu todo.

Igualmente, o fim para o qual ela criou o homem difere daquele para o qual ordenou a família; outro, a aldeia; distinto, o da cidade e do reino e, ao cabo, o fim último – o supremo de todos os fins para o qual Deus eterno, com toda a sua arte, expressa pela natureza – criou o gênero humano. O que procuramos e justifica a procura é a ciência desse fim.

Iniciando, aceitemos que "Deus e a natureza nada fazem para o ócio", mas, antes, tudo quanto recebe existência, destina-se à ação. Não que a essência criada seja em si mesma o propósito do Criador, mas o é a ação própria da essência, ou: a ação não existe para a essência, mas esta em razão daquela.

Resulta existir atividade própria do gênero humano, estando para ela ordenada a inumerável quantidade dos homens, atividade que não pode ser desenvolvida nem pelo indivíduo, nem pela família, nem pela aldeia, nem pela cidade, nem por um reino particular.

Qual seja essa atividade resultará evidenciado quando tornar-se manifesto aquilo que de melhor a inteira humanidade é capaz de realizar.

---

[5] Aristóteles: *Ética a Nicômaco*, I, 7.

Prosseguindo, digo que força alguma integrada por diferentes espécies de seres, pode atingir a perfeição maximamente possível ao ser. Se ocorresse diversamente e dado que a perfeição suprema do ser é que informa a sua espécie, resultaria ser a essência informada por espécies diversas, o que é impossível. Não reside pois a suprema perfeição do homem no existir simplesmente, dado que tal existência é comum a outros elementos; nem ser orgânica, porque tal qualidade também a têm os minerais; nem ser dotado de animação, pois as plantas também o são; nem em dispor de sensibilidade, dado que esta possuem-na também os animais; porém, sim, reside no incorporar ao seu intelecto as qualidades possíveis dos outros seres: perfeição que não concorre em nenhum outro ser. Se bem que certas essências integrem a inteligência de tais seres, dessa inteligência não se pode afirmar que seja passível de ação enquanto a humana o é. Pois são nada mais do que espécies intelectuais; o seu existir resume-se no pensar, ato imutável pois se não o fosse elas não seriam eternas.

Em decorrência, evidencia-se que a suprema perfeição do poder do homem é a potência ou faculdade intelectiva. E tal potência ou faculdade não pode ser exercida, completa e simultaneamente, por um indivíduo ou um grupo específico, fazendo-se necessária a multiplicidade no gênero humano para que o poder intelectual do homem possa atuar. A mesma pluralidade é exigida dos seres sujeitos à corrução para que todo o mutar-se da matéria que os compõe esteja sob o poder de um ato, porquanto, do contrário, haveria que admitir um poder separado de tal ato, ocorrência impossível. Desta opinião manifestou-se Averróis no comentário ao livro *Da Alma*.

O poder intelectivo ao qual aludo, não apenas refere-se às formas e espécies universais, mas, por extensão, às particulares. Daí o dizer-se que o intelecto especulativo, por extensão, torna-se intelecto prático, cujo fim é o agir e o fazer. Emprego o *agir* no sentido das ações motivadas pela malícia da política; e emprego o *fazer* em referência ao trabalho manual exigido pelas artes; ações, todas elas, à serviço do especular – virtude mais alta, para a qual a Primeira Bondade criou o gênero humano. Isto posto aceita-se o que nos transmite Aristóteles em sua *Política*[6]: "os homens que possuem inteligência vigorosa acima daquela dos outros homens, resultam, naturalmente, senhores desses outros".

IV. (1-4). GRAÇAS À PAZ, A HUMANIDADE ALCANÇA A FELICIDADE

Demos ênfase para o fato de que a finalidade do gênero humano, considerado em sua inteireza, é a de continuamente fazer atuar a plenitude da potência do intelecto. No início, objetivando a especulação; depois, por conseqüência daquela, a ação. E porque é de lei que a parte atue tal qual o todo, advém que se o homem ganha em saber e prudência à medida que vive tranqüilo, em paz; assim também o gênero humano, quando em paz, com mais facilidade e proveito se consagra à sua tarefa, a qual é pára-divina conforme o dizer de Davi: "Tu o fizeste pouco inferior aos anjos"[7]. Retira-se do afirmado ser a paz universal, entre todos os bens, o mais próprio para dar a felicidade ao homem. Pois a voz que do alto falou aos pastores não anunciou riquezas, prazeres, honras, longevidade, saúde, vigor físico, beleza; mas sim a paz. Foi este o canto da milícia celeste: "Glória a Deus nas alturas e paz na Terra

---

[6] Aristóteles: *Política*, I, 5.
[7] *Salmos*, VIII, 6.

aos homens de boa vontade". E a saudação empregada pelo próprio Salvador era: "a paz esteja convosco", adequado que estava ao Sumo Salvador proferir a suma saudação. Tal usança foi continuada pelos seus discípulos e mesmo por Paulo, o que pode ser facilmente comprovado.

IV. (5-8). A PAZ DEVE SER TIDA POR SINAL FIRME E ORDENADO PELO QUAL SE ORDENEM TODAS AS PROPOSIÇÕES COMO POR UMA VERDADE MANIFESTA

Quanto dito anteriormente permite inferir qual seja o meio ótimo para levar a humanidade ao cumprimento do seu fim. Ficamos conhecendo o meio direto e seguro para atingir tal propósito, fim último em cuja direção o nosso agir é ordenado. Esse meio é o da paz universal, a qual tomaremos como orientação para o raciocínio subseqüente. Será ela o sinal orientador, para o qual faremos convergir todas as proposições, sendo ela, como é, verdade provadíssima.

V. QUESTIONA-SE O SER A MONARQUIA TEMPORAL NECESSÁRIA À BOA ORDENAÇÃO DO MUNDO

Resumindo o que tratamos até aqui, encontramos que três questionamentos são antepostos à monarquia temporal à qual, comumente, é dado também o nome de império; questionamento que desejamos considerar a partir do princípio acima enunciado.

A primeira das questões é se há necessidade da monarquia temporal para a boa ordenação do mundo. Que assim é, sem objeções pertinentes suscitadas pela razão ou pelo costume, afirmam-no argumentos fortes quanto válidos, o primeiro dos quais enunciado por Aristóteles na *Política*[8]. "Quando várias coisas ordenam-se em razão de outra, convém que uma delas regule e dirija e as demais sejam reguladas e dirigidas." A este afirmar dá fé não só a autoridade do filósofo mas também a razão, por isso que ao considerarmos o homem qual indivíduo, verificamos que estando as suas forças ordenadas para a felicidade, é impositivo que a força intelectiva seja reguladora e soberana sobre as mais, sem o que todas elas não poderiam convergir para a felicidade. Passando ao âmbito da família, cujo fim é o de preparar os seus integrantes para o reto viver, encontramos ser preciso que um dos integrantes a regule e dirija, o qual, de regra, é o pai da família ou quem faça as suas vezes, conforme sentença de Aristóteles[9]: "Cada família seja governada pelo seu membro mais idoso". O encargo deste, conforme Homero, é dar aos outros leis e direção. De ser assim, decorre aquela imprecação dita sob forma proverbial: "Que tenhas em casa um igual a ti". Se considerarmos a aldeia, a qual tem por finalidade o concurso harmonioso de pessoas e de coisas, haveremos de convir em que um faça de regedor de todos, quer para tal seja designado, quer por sua preeminência seja eleito pelos demais. Sem ele, a aldeia não apenas deixa de alcançar o desejável nível de bem-estar mas ainda pode sucumbir ao embate das parcialidades desavindas.

Semelhantemente, uma cidade, cuja proposta é proporcionar o bem-viver e mesmo um viver superior, carece de chefe único, trate-se de governo legal ou de governo espúrio. E se tal não ocorre, não só a finalidade da vida comunitária não é alcançada, mas a cidade deixa de ser um centro, deteriora-se.

---

[8] Aristóteles: *Política*, I, 2.
[9] Aristóteles: *Política*, I, 2.

De modo igual, em um reino particular, que tem por destinação assegurar com maior tranqüilidade os benefícios próprios da cidade, convém que um só – o rei – reine e governe. A ser de modo diferente, os súditos não alcançam gozar aqueles benefícios e o reino perece, conforme apregoa a indesmentível verdade: "Todo o reino dividido contra si mesmo será desolado"[10].

Se tal sucede com os indivíduos e as comunidades ordenados para um fim determinado, resulta estabelecida a verdade do que afirmamos. E dado que o gênero humano é inteiramente ordenado para um fim único, segundo demonstramos, faz-se necessário seja um único o que ordene e que esse único seja chamado monarca ou imperador. Resulta claro, portanto, que para a boa ordenação do mundo requer-se a monarquia ou o império.

VI. A RELAÇÃO ENTRE A PARTE E O TODO É A MESMA OCORRENTE ENTRE A ORDEM PARCIAL E A GERAL

Assim como a parte está para o todo, a ordem parcial está para a ordem geral. A parte visa alcançar no todo o seu fim mais perfeito. Por conseguinte, a ordenação ocorrente na parte busca realizar-se na ordem ocorrente no todo. Conclusão clara é a de que a bondade da ordem parcial não excede a da geral; não a alcança. Duas são as ordens encontráveis nas coisas: a das partes entre si e das partes em referência a algo que não é uma parte; tal qual a ordem entre si das partes de um exército e a ordem dessas partes em referência ao

---

[10] *Evangelho*: São Lucas, XI, 17; São Mateus, XII, 25.

comandante. Certamente, a ordem das partes em relação a um ser é ótima por estar ele no fim da outra ordem, eis que a ordem das partes se faz da interna para a externa. Donde, se a forma desta ordem externa é encontrável nas partes da multidão dos homens, mais razoavelmente deverá encontrar-se no todo da multidão, concordemente ao raciocínio expendido à propósito de ser a ordem externa a melhor, ou seja a melhor forma de ordem. Encontrável em todas as partes da multidão, segundo ficou comprovado no capítulo precedente, deve melhormente encontrar-se no todo da multidão. Assim, as citadas partes inferiores aos reinos[11] e mesmo os reinos, devem receber a ordenação de um príncipe, do poder único, vale dizer, do monarca, da monarquia.

VII. A UNIVERSIDADE DO GÊNERO HUMANO CONSTITUI UM TODO PARA DETERMINADAS PARTES E UMA PARTE PARA UM TODO DETERMINADO

Sigamos argumentando: a universalidade do gênero humano constitui um todo em referência a determinadas partes e uma parte em referência a um todo determinado. É um todo relativamente aos reinos particulares e a variados povos, de acordo com o exposto; e é uma parte relativamente ao inteiro universo, conforme por si mesmo faz manifesto. Redunda que assim como as partes do gênero humano ajustam-se ao todo da humanidade, o todo do gênero humano harmoniza-se como um todo completo. O ajuste das partes ocorre pela via do chefe único, a cujo respeito discorremos anteriormen-

---

[11] Aldeias e cidades.

te. Por igual princípio a humanidade harmoniza-se no universal, ou seja, no Príncipe do Universo, Deus e monarca. Segue-se que a monarquia é necessária ao bom estado do mundo.

VIII. AS COISAS ESTÃO BEM QUANDO CONFORMADAS AS INTENÇÕES DO SUMO AUTOR: DEUS

As coisas estão bem quando conformadas às intenções do sumo autor: Deus. Esta assertiva resulta comprovada por si mesma para quem aceita a perfeição da bondade divina. A intenção do sumo autor é a de que todas as criaturas reproduzam em si a bondade divina à medida que o permita a própria natureza. Em razão disto é que foi dito: "Façamos o homem à nossa imagem e semelhança"[12]. E se bem que não se possa aplicar a locução *à imagem* em relação aos seres inferiores ao homem, a expressão *à semelhança* cabe a qualquer ser de vez que o universo inteiro não é senão a sombra de Deus. Portanto, privilegiada é a situação do gênero humano, o qual assemelha-se tanto a Deus quanto o permitido pela sua natureza. Tanto mais assemelha-se a Deus quanto mais se unifica, pois que a súmula nuclear da unidade é o próprio Deus. Por ser assim é que foi escrito: "Ouve, Israel: um só é o Senhor teu Deus"[13]. Segue-se que o gênero humano alcança o máximo de unidade ao reunir-se, todo, em um só homem, o que sucede apenas ao sujeitarem-se todos os homens a um príncipe. Nesse submeter-se, assemelha-se maximamente a Deus, obediente à intenção divina, assim conduzindo-se otimamente, consoante o enunciado no início deste capítulo.

---

[12] *Gênesis*: I, 26.
[13] Livro do *Deuteronômio*, VI, 4.

IX. OTIMAMENTE SE CONDUZ O FILHO QUE SEGUNDO A NATUREZA, IMITA O PROCEDER DO PAI PERFEITO

Também otimamente se conduz aquele filho que, o quanto lhe permita a sua natureza, imita o proceder do pai perfeito. O gênero humano é filho do céu, o qual é, em tudo, a perfeição. O homem é gerado pelo homem e pelo Sol, consoante o dizer de Aristóteles no livro segundo do *Physicorum*[14]. Sendo assim, vive excelentemente o gênero humano ao seguir os ditames do céu, conforme lhe permita a sua natureza. E porque o céu é regido em sua inteireza, em todas as suas partes, quer as motoras quer as movidas, por um movimento único, qual seja o da primeira esfera e pelo motor único – Deus[15] – conforme evidentissimamente a filosofia demonstra à razão humana; assim o gênero humano é excelentemente conduzido quando se faz reger por um único motor, uma única lei. Eis como também se prova que para o bem do mundo se faz necessária a Monarquia, conforme entendeu Boécio[16]: "Quanto felizes seriam os homens se regido fosse o seu querer pelo amor que rege os céus".

X. ONDE HOUVER LITÍGIO, HAJA TRIBUNAL

Onde possa haver litígio, aí deve existir tribunal. De outro modo, estaria o imperfeito sem o confronto com o perfeito

---

[14] Aristóteles: *Physicorum* (*Audição Natural*), II, 2.
[15] Há comentaristas que julgam reconhecer nesta passagem, versos da *Divina Comédia* (Paraíso). A idéia da perfeição celestial também figura em *Convívio*, IV, XVI.
[16] Boécio: Anicius Manlius Torquatus Severinus. Filósofo, poeta, estadista, Roma, anos 470-525. Seu trabalho mais conhecido é *Consolação Filosófica*, do qual, II, 8 é a citação.

pelo qual possa emendar-se, o que é inadmissível, porquanto Deus, pela natureza, não falta jamais com o necessário socorro. Pode contudo suceder que entre dois príncipes, não sujeitos um ao outro, ocorram disputas, por sua culpa ou por culpa de seus súditos; o que requer, entre ambos, julgamento. E sendo iguais, não pode um julgar o outro, tornando-se necessário o juízo de um terceiro, o qual deve ser de mais alta jurisdição e possuir senhorio sobre os contendentes. Este juízo ou será o principal entre os príncipes ou serão vários príncipes. Se for o principal – o monarca, estará confirmado o nosso propósito. Se não for, serão eles todos iguais, contendendo entre si, carecendo portanto, que ainda aqui um outro sobre eles emita julgamento. Assim, ou procederemos até o infinito, o que não pode acontecer, ou chegaremos àquele príncipe que, senhor entre todos os príncipes, dirima todos os litígios. A Monarquia, pois, é necessária ao mundo. A esta verdade referia-se Aristóteles ao dizer[17]: "as criaturas não desejam a sua má ordenação; se o mal procede da multiplicidade de príncipes, um único deve ser príncipe".

XI. O MUNDO RESULTA PERFEITAMENTE ORDENADO QUANDO A JUSTIÇA É SOBERANA

O mundo resulta perfeitamente ordenado quando, nele, a justiça é soberana. Eis porque Virgílio, desejando louvar o seu século, afirmou nas *Bucólicas*[18]: "Retorna a Virgem; voltam os dias de Saturno"[19]. Virgem chamavam à Justiça, também

---

[17] Aristóteles: *Metafísica*, XII, 10.
[18] Virgílio: *Bucólicas*, écloga IV, 6.
[19] Saturno: teria reinado, com sabedoria e poder, na África e na Itália, fazendo a Idade de Ouro.

nomeada Astréia[20], ou seja, a Estelante. Reinos de Saturno foram denominados os tempos felizes, ditos também Idade de Ouro. A plenitude da justiça somente ocorre sob um monarca: sendo, portanto, a Monarquia necessária para a perfeita ordenação do mundo.

É para notar que a justiça, considerada em si em sua natureza, é espécie de regra ou de retidão ou de acerto que exclui o erro; e portanto insuscetível de ser ou mais ou menos reta, algo assim como a brancura abstratamente considerada; eis que certas formas, mesmo entrando em composição com outras, mantêm a sua essência invariada – conforme ensinou o mestre dos Seis Princípios[21]. Segundo o maior ou o menor número de disposições contrárias ocorrentes no sujeito que as recebe, tais qualidades resultam suscetíveis de guardar variados graus de virtudes. Quando a disposição de contrariar a justiça é mínima, a justiça alcança a plenitude do existir e do exercer, podendo-se dizer dela o mesmo que Aristóteles[22]: "Nem Hespero[23], nem Lúcifer[24], são assim admiráveis". Parece-se nisso com a Lua quando em sua serenidade matutina observa no horizonte o nascer do seu irmão.

Às vezes, considerada no seu existir, a justiça encontra o seu contrário no mau querer; pois se a vontade não é despojada

---

[20] Astréia: mitologia grega. Na terra, difundida o desejo de promover permanentemente a justiça. Tendo os homens degenerado e banido a justiça, Astréia subiu aos céus transformando-se na constelação da Virgem.
[21] Gilberto de la Porée, o Porretanus, bispo de Poitiers, onde nasceu (1070) e faleceu (1154). Teólogo escolástico, sua obra principal é o *Liber Sex Principiorum* (*Livro dos Seis Princípios*).
[22] Aristóteles: *Ética a Nicômaco*, V, 3.
[23] Hespero: Na mitologia grega, filho de Astreu e da Aurora. Desapareceu quando buscava localizar estrelas ocultas por uma tempestade. Julgando-o transformado em estrela, os homens identificaram-no com o astro da tarde, admirado sempre por sua beleza.
[24] Lúcifer: Na mitologia grega, denominado também Eósforo (o portador da manhã) e Fósforo (o portador da luz). É o planeta Vênus que o homem pode admirar tanto ao amanhecer quanto ao anoitecer.

de toda cupidez a justiça, mesmo presente, não ostenta pureza esplendorosa porquanto basta para empaná-la a mínima resistência do sujeito. Donde ser recomendável o afastamento de todo aquele que procure conturbar o ânimo do juiz. Se considerada quanto ao exercer, a justiça tem no poder o seu contrário. De fato, sendo virtude cujo objetivo são os outros, como poderá alguém agir em espírito de justiça sem dispor do poder de atribuir o seu a cada qual? Resulta que tanto mais poderoso seja o juiz, mais completa será a justiça.

Prossigamos argumentando: a justiça alcança neste mundo poder completo de execução quando reside em indivíduo tanto justo quanto poderoso. Vale dizer: apenas ao coincidir no Monarca a justiça do mundo é plenamente operante. É este um prosilogismo de segunda figura, com a negação intrínseca, assim armado: todo *B* é *A*; só *C* é *A*; portanto, só *C* é *B*. Ou seja: todo *B* é *A*; nenhum outro se não *C* é *A*. Assim, nenhum outro senão *C* é *B*. A primeira proposição é evidenciada pelo que a precede; a outra é demonstrada antes pelo querer e logo pelo poder. Ressalta-se ser a justiça a oposição total à cupidez. Afirmou-o Aristóteles no livro segundo[25] da *Ética a Nicômaco*. Eliminada a cupidez, nada haverá que se oponha à justiça. Daí o dizer do Filósofo[26]: "Quanto se puder determinar em lei não fique ao arbítrio do juiz", o que se deve fazer por receio à cupidez que facilmente conturba o espírito dos homens. Onde nada houver passível de ser desejado, não existirá a cupidez, porquanto as paixões não sobrevivem às suas motivações. E para o monarca, nada existe que possa ser objeto de cupidez dado que a sua autoridade tem por limite o oceano; enquanto as jurisdições dos demais prín-

---

[25] A referência sobre a cupidez figura realmente no livro quinto (V, 2) da *Ética a Nicômaco*.
[26] Aristóteles: *Retórica*, I, 1.

cipes, assim como os seus domínios, a si mesmo se limitam, tal como, por exemplo, o reino de Castela limita aquele de Aragão.

Eis porque o monarca, entre todos os mortais, é o mais capacitado para ser corretíssimo instrumento da justiça.

Há mais, enquanto a cupidez obscurece, ainda que pouco, a habitualidade da justiça; a caridade, ou seja, o reto espírito, tende a aclará-la, aguçá-la. Daí o encontrar a justiça perfeita acomodação junto àquele que melhor cultive o reto espírito. Cultiva-o, o monarca. Portanto, ele existindo, a justiça é ou pode ser perfeita. E que o reto espírito alcança realizar o que foi dito, assim se prova: a cupidez, ao arrepio da sociedade humana, busca a posse dos bens alheios. A caridade, contrariamente, renunciando àqueles bens, almeja Deus e os homens, isto é, o bem dos homens. E porque, conforme enunciado, o viver em paz sobreleva aos outros bens e sendo a justiça a causa mais eficiente da paz, a caridade robustecerá a justiça à medida que ela, caridade, apresentar-se fortalecida.

E que no monarca, acima de qualquer homem, a caridade surja fortalecida, demonstra-se: todo ser amável é tanto mais amado quanto mais juntar-se ao amante; pois bem, o homem situa-se mais próximo do monarca do que dos outros príncipes; em conseqüência, sendo ou devendo ser por ele mais amado. A primeira afirmativa evidencia-se com o só lembrarmos qual seja a natureza dos agentes e dos pacientes. A segunda, firma-se em que se os homens apenas parcialmente são ligados aos diferentes príncipes, ao monarca são ligados de forma completa. E mais: os homens estão ligados aos príncipes, por mediação do monarca e não contrariamente. O encargo, pois, sobre todos os homens, cabe primacial e diretamente ao monarca, só por intercessão deste cabendo aos príncipes; eis que o seu encargo desce do encargo supremo.

Sigamos: tanto mais uma causa é universal, tanto mais ganha razão de causa; pois, conforme assegura o livro das causas[27], aquela inferior não age senão em virtude da superior. E tanto mais uma causa é causa, mais ama o seu efeito, sendo esse amor inerente à natureza mesma da causa. Por ser o monarca a causa mais universal do ditoso viver humano, agindo por seu impulso os príncipes que àquele bem viver se inclinem, resulta ser o monarca quem mais ama o bem dos homens.

E de que seja o monarca o mais apto a realizar a justiça, ninguém pode duvidar; a menos que duvide de que o monarca não pode ter inimigos.

Estando suficientemente fundamentada a premissa principal, impõe-se a conclusão: a monarquia é necessária para a boa ordem do mundo.

XII. O GÊNERO HUMANO ATINGE O ESTADO IDEAL QUANDO GOZA LIBERDADE TOTAL

O gênero humano, quando inteiramente livre, otimamente vive. Esta afirmativa ganha evidência se se considera qual seja o princípio da liberdade.

Tenha-se presente, desde logo, que o princípio fundamental da liberdade é o do livre-arbítrio que muitos ostentam na boca e poucos no intelecto. Afirmam a existência do livre-arbítrio, ou seja, o livre julgar segundo a livre vontade. Afirmando-o, dizem verdade, sem contudo enfronharem-se no real significado das palavras pronunciadas, do mesmo modo pelo qual certos lógicos repetem ininterruptamente proposições invocadas para ilustrar assuntos próprios da lógica, proposições como esta: o triângulo possui três ângulos iguais a dois ângulos retos.

---

[27] Cfr. *De Causis*, I.

Digo, porém, que o juízo medeia a apreensão e o apetite. Primeiramente o objeto é apreendido, depois de entendido é julgado bom ou mau e finalmente, aquele que o julgou, adota-a ou recusa-o. Se o juízo aciona de modo tão cabal o apetite, e se de nenhum modo este for influenciado, certamente é livre. Mas se o julgamento, por algum modo resultar determinado pelo apetite, não será livre; eis que por outrem é dirigido. Isto explica porque os irracionais não possuem o livre-arbítrio: neles, é o apetite que determina o seu julgar. Resulta assim elucidado porque as substâncias intelectuais, de vontades imutáveis e também as almas que em bem-aventurança deixaram esta vida não perdem o livre uso do arbítrio, dado estar ele fundado na imutabilidade da vontade, mantida perfeita e maximamente conservada.

Estabelecemos outra vez ser a liberdade, ou o seu princípio, o maior dentre os dons concedidos por Deus[28] à natureza humana, pois graças a ela somos felizes neste mundo enquanto homens e no outro, o céu, ditosos quais deuses. Se assim é, quem negará viver o gênero humano em estado de perfeição apenas quando pode fruir daquele princípio divino? E é sob o monarca que ele goza de completa liberdade. De fato, é livre o que é livre por si e não em razão de outrem, conforme ensina Aristóteles no segundo livro de *Metafísica*[29]. Pois o que existe em função de outrem é condicionado por esse, assim como a estrada é estabelecida a partir de ponto referencial. A geração humana, quando senhoreada

---

[28] O tema da liberdade é particularmente grato a Dante. Desenvolveu-o também no canto V, do Paraíso, versos 19 a 24: "O maior bem que por sua munificência Deus concedeu ao mundo; aquele que melhor revela a Sua bondade; o que Ele tem em mais alta conta – é o anseio de liberdade, do qual as criaturas raciocinantes, todas e exclusivamente, foram e são dotadas".

[29] Aristóteles: *Metafísica*, I, 2.

pelo monarca, existe por si e não por mercê de outrem; porque somente em tal situação evitam-se os regimes espúrios, os demagógicos, as oligarquias, as tiranias que submetem o homem à servidão (segundo claramente se delineia para quem as analisa). Em vez disso, reinam os reis, governam os que zelam pelas liberdades do povo. Sendo o monarca aquele que mais ama os homens (tal como estabelecemos em definitivo) é seu desejo que todos os homens sejam bons, desiderato não almejado pelos maus governantes. Donde, o haver dito Aristóteles na *Política*[30]: "sob um mau governo o homem bom resulta mau cidadão; enquanto que no bom governo o homem bom é bom cidadão". Certamente os bons governos cultivam a liberdade, almejando que os homens sejam homens por si mesmos. Com efeito os cidadãos não existem para os cônsules, nem o povo para o rei; e sim, os cônsules existem para os cidadãos e os reis existem para o povo. De igual modo, como o regime não existe para as leis, mas, ao contrário, as leis para o regime, assim também os indivíduos que vivem conforme as leis não se ordenam ao legislador, mas este se ordena àqueles, segundo o registro de Aristóteles em *Política*. Infere-se pois e claramente, que se o cônsul e o rei são senhores dos mais homens no praticar os meios com que atingir a certos fins; são servidores daqueles homens quanto a eleger quais sejam tais fins. Isto aplica-se principalmente ao monarca, o qual, sem dúvida, deve ser tido como o servidor de todos. Já agora pode-se entender que na elaboração das leis guia-se o monarca pelo fim elegido. Portanto, a humanidade vive em seu melhor estado quando sob o monarca. Daí que para a boa ordenação do mundo é necessária a monarquia.

---

[30] Aristóteles: *Política*, III, 4. Também há quem interprete a passagem como referência ao comentário de Santo Tomás à *Ética*, V, 5.

XIII. O MAIS APTO PARA O GOVERNO PODE TORNAR MELHORES OS OUTROS

Aquele mais apto para o governo pode, por excelência, dispor os outros ao ótimo. Efetivamente, em todas as ações, o propósito básico do agente, quer atue por imposição natural, quer por determinação pessoal, é o de afeiçoar a si os demais. Daqui se origina a satisfação que o agente prova quando em ação. Todo ser aprecia o seu existir; agindo, o agente acentua a sua realidade pois sendo o prazer conseqüente à realização do desejo, sucede necessariamente ao agir. Coisa alguma exerce ação sem que antes mesmo de agir, seja aquilo em que o paciente se há de tornar. Aristóteles ensinou na *Metafísica*[31]: "tudo o que de potência muda para ato, muda por efeito de ser já existente como ato"; e aquele que por outra forma intentasse agir, agiria em vão. Com tal evidência destrói-se o erro dos que acreditam com boas palavras e obras más ensinar aos outros costumes e modos de viver; esquecidos de que as mãos de Jacó[32] convenceram mais do que as suas palavras, embora aquelas insinuassem o falso e estas dissessem o verdadeiro. Donde, o dizer de Aristóteles a Nicômaco[33]; "quando se trata das paixões e das ações humanas, põe-se mais fé nas ações do que nas palavras". Por isto é que do céu uma voz gritou ao pecador David[34]: "Por que falas tu dos meus mandamentos?", como se afirmando: "É em vão que louvas, pois és diverso daquilo que dizes ser". Conclui-se que otimamente deve estar conformando aquele que aos outros pensa conformar.

---

[31] Aristóteles: *Metafísica*, IX, 8.
[32] *Gênesis*, XXVII, 2 e segs.: mediante artifícios, Jacó obtém a bênção de Isaque.
[33] Aristóteles: *Ética a Nicômaco*, X, 1.
[34] Cfr. *Salmos*, XLIX, 16. A tradução que citamos é a do Pe. Matos Soares.

É o monarca o único perfeitamente disposto a governar. Prova-o a verdade de que o ser é tanto mais fácil e perfeitamente dotado para receber ou para agir, quanto menos operante sejam nele as inclinações contra aquela disponibilidade. Por esta razão é que mais fácil e perfeitamente penetram a verdade filosófica aqueles que nada sobre elas tenham ouvido e não os que hajam recebido lições fragmentadas e errôneas. Razão assistia a Galeno[35] ao afirmar: "esses requerem tempo em dobro para aprender".

Não tendo o monarca nenhuma ou tendo mínima ocasião para a cupidez, o que não ocorre com os príncipes; e sendo a cupidez a grande corruptora do juízo reto e obstáculo à aplicação da justiça; é correta a conclusão de ser o monarca, ou ser mais do que os outros, apto para o governo. Entre todos, é ele o que em grau mais elevado possui discernimento e justiça. E estas são qualidades necessárias para os que fazem e os que aplicam as leis, conforme o testemunho do santo rei que pedindo a Deus os dons cabíveis a rei e a filho de rei, clamava: "Ó Deus, dá o Teu discernimento ao rei e a Tua justiça ao filho do rei"[36].

Certo, pois, foi o assegurar na premissa ser o monarca o único excelentemente apto a governar. Só ele é capaz de otimamente ordenar os homens. Conseqüentemente, a monarquia é necessária para a perfeita ordenação do mundo.

---

[35] Galeno, Cláudio: médico grego (131-201), a grande autoridade médica até os fins do século XVII. Deu maior importância ao raciocínio do que à observação. Afirmava serem as doenças uma resultante do desequilíbrio entre os elementos e os espíritos do corpo. A citação, na passagem, é do seu trabalho *De Cognoscendis Curandisque Animi Morbis*, X.
[36] *Salmos*, LXXI, 1.

XIV. O QUE PODE SER FEITO POR UM, É FEITO MELHOR POR UM DO QUE POR MUITOS

A afirmativa supra, por este raciocinar é explicada: tomemos a alguém, por cujo empenho a coisa desejada possa ser feita e chamemo-lo *A*; sejam *A* e *B* aqueles outros pelos quais tal coisa também possa ser feita. Se o que pode ser feito por *A* e por *B*, também pode ser feito por *A*, torna-se dispensável o concurso de *B*, o qual nada acrescentará uma vez que tudo pode ser alcançado apenas com o concurso de *A*. Sendo tal acumular vão e supérfluo e sendo o supérfluo aborrecido à Deus e à natureza, e sendo evidentemente mau o que aborrece à Deus e à natureza; segue-se não apenas ser melhor fazer por um do que por vários aquilo que por um se pode fazer, mas segue-se também que resulta bom o que por um se faz e mau o que se faz por mais de um. E ainda: diz-se ser melhor o que está mais próximo do ótimo, sendo o ótimo o fim considerado. Tem-se mais próximo do fim o que por um só é realizado. Portanto, melhor é o que por um só é realizado. E que nisso reside acerto por raciocínio se prova: seja *C* o fim; seja *A* o fazer por um, e *A* e *B* por mais de um. Está aceito que o caminho de *A* a *C*, por *B* é mais longo do que o reto de *A* a *C*. Portanto, o gênero humano pode ser governado por um príncipe supremo: o monarca.

Ponderemos mais: no afirmar que o gênero humano pode ser governado por um príncipe supremo, não devemos declarar que os regulamentos menos importante de uma cidade devam emanar de tal príncipe. As leis locais são quase sempre suscetíveis de localização consoante observou o Filósofo no quinto livro a Nicômaco[37], aconselhando prudência na apli-

---

[37] Aristóteles: *Ética a Nicômaco*, V, 14.

cação dos regulamentos. Nações, reinos e cidades guardam especificidades a exigir legislação correspondentemente específica; pois a lei é regra que deve pautar a vida. Por exemplo, os citas, vivendo fora do sétimo clima[38], carecem de leis particulares padecentes que são de acentuadas variações entre os dias e as noites, opressos que vivem por um frio quase insuportável. Igual necessidade têm os garamantes[39], que habitando sob o equinócio, conhecem dias e noites com a mesma duração e que sob os efeitos do calor excessivo sequer podem cobrir-se com roupas.

O sentido correto de expressão "o gênero humano pode ser governado por um príncipe" é este: nos pontos comuns a todos os homens o gênero humano deve ser governado pela monarquia universal para que uma lei única o encaminhe à fruição da paz. Lei que os príncipes particulares receberão do monarca, do modo pelo qual o intelecto prático recebe do especulativo a proposição maior que lhe comanda a conclusão, acrescentando a esta a sua própria proposição ou o objetivo, para, só então, atuar. Isto não apenas é possível realizar por um só como necessita de que um só proceda a fim de que não advenham confusão e prejuízo aos princípios universais. Assim agiu Moisés. É ele a dizê-lo na lei[40]: "reunidos os principais das tribos dos filhos de Israel, deixava-lhes os juízes inferiores reservando-se os superiores, ou seja, aqueles relativos à inteira comunidade; devendo aqueles principais adaptarem para aplicação em suas tribos as decisões por ele tomadas e a elas aplicáveis".

---

[38] Nesta passagem, bem como em *Convívio*, III, v, 12, Dante aceita a proposta de Alberto Magno (*De Natura Locorum*) para a divisão da terra em sete climas.
[39] *Citas:* povo de origem iraniana, habitando principalmente ao norte do Mar Negro; *garamantes:* povo da Líbia interior, com sua capital em Garama, hoje, Germa. *Equinócio:* entenda-se *equador*.
[40] *Êxodo:* XVIII, 18 e segs.

Pois bem: o gênero humano será melhor governado quando for governado por um único, vale dizer, pelo príncipe único, o monarca. Sendo esse regime o melhor, é o mais agradável a Deus porquanto Deus sempre quer o melhor. E como entre dois um é melhor, segue-se que o governo de um só, entre um e vários, não apenas resulta ser o melhor mas também o ótimo aos olhos de Deus. Conclui-se que o gênero humano vive otimamente sob o governo de um só. Assim, faz-se necessária a monarquia para a boa ordenação do mundo.

XV. O SER, O UNO E O BOM ESTABELECEM ORDEM ENTRE SI

Ao acima dito, acrescente-se que o ser, o uno e o bom podem estabelecer uma ordem entre si, segundo a quinta acepção da palavra *prius*[41]: o ser, por natureza precede o uno; o uno precede o bom; eis que, efetivamente, o ser perfeito é perfeitamente uno e o perfeitamente uno é perfeitamente bom. Quanto mais um ser se afasta do ser supremo tanto mais se afasta do ser uno e mais se afasta do ser bom. Daí que, na Criação, o ótimo é o que é maximamente uno, segundo Aristóteles[42]. Do exposto conclui-se ser a unidade a raiz do bem e a multiplicidade, a do mal. Já Pitágoras, nas suas correlações, situava o bem ao lado da unidade e mal ao lado da multiplicidade, conforme se pode ler no livro primeiro da *Metafísica*. Do que foi dito deduz-se que pecar não é senão desprezar a unidade e passar à multiplicidade, segundo o salmista[43]: "Eles multiplicaram-se graças ao fruto do trigo, do vinho e do azeite".

---

[41] *Prius* em primeiro. Dante segue a exposição de Santo Tomás, na *Summa*, I, ii.
[42] Aristóteles: *Metafísica*, X, 1 e segs.
[43] *Salmos*, IV, 8. A citação é a do original traduzido.

Resulta manifesto que tudo quanto é bom o é por ser uno. A concórdia, que enquanto tal é um bem o é em razão de ter a sua raiz na unidade, a qual raiz tornar-se-á patente ao ser conhecida a natureza e a propriedade da concórdia. É esta um movimento uniforme de várias vontades; definição a indicar que o unificar-se das vontades, expresso pelas palavras "movimento uniforme" é a raiz da concórdia, a concórdia mesma. Demonstremos: várias partes de terra concordes em afluírem para um ponto mediano e várias chamas concordemente dispostas a se elevarem: isto seria concórdia, desde que chamas e terras agissem voluntariamente. Dizemos o mesmo quando vários homens aceitam mover-se uniformemente seguindo o querer de um dentre eles. Esse aceitar, existente formalmente em suas vontades, equivale à qualidade que formalmente está presente nas citadas partes de terra e que nelas se chama gravidade e que nas chamas é dita leveza. De fato, vontade é potência. A forma assumida é a da espécie de bem que ela compreende. Sendo esta forma, tal qual as demais, una em si mesma, multiplica-se obediente à multiplicidade das matérias que a recebem; quais a alma, o número e as formas que integram os compostos.

Provamos, com o acima exposto, a premissa formulada: a concórdia depende da unidade a qual reside nas vontades; assim, o gênero humano quando harmoniosamente ordenado é a própria concórdia. Igualmente, um homem, harmonioso no corpo e no espírito, é uma certa concórdia. De igual modo, a casa, a cidade, o reino; enfim, a humanidade. Chega-se a que o gênero humano, otimamente ordenado, depende da unidade que reside nas vontades. Mas tal unidade não ocorre se inexistir vontade única, senhora e reguladora de todas as mais vontades; eis que, conforme é notório, devido aos aliciantes prazeres da adolescência, as vontades dos mortais precisam de quem se dirija, conforme ensina Aristóteles no último livro à Nicômano[44]. E esta

---

[44] Aristóteles, *Ética a Nicômaco*, X, 10.

vontade única não pode existir sem um príncipe cuja vontade domine e regule a vontade de todos os outros. Se todas as conclusões expostas são verdadeiras – e certamente o são – resulta ser necessária para a harmoniosa ordenação do gênero humano, a existência de um monarca. Por conseguinte, a monarquia é necessária para a boa ordenação do mundo.

XVI. NA SUA VINDA AO MUNDO, CRISTO FIXOU TEMPO DA PAZ PERFEITA E VERDADEIRAMENTE A DISPÔS

O raciocinar até aqui seguido tem por si o testemunho de evento memorável, qual seja o ordenamento político dos mortais anunciado e preparado pelo Filho de Deus quando, para a salvação dos homens, fez-se homem.

Pois se relembrarmos as usanças humanas e os acontecimentos a partir da transgressão dos nossos primeiros pais, raiz de todos os nosso erros, não veremos pacífico o mundo senão sob César Augusto, monarca de monarquia perfeita. E que a humanidade tenha sido feliz em meio à tranqüilidade e à paz universais nos dão prova todos os historiadores, os grandes poetas e mesmo o escriba[45] que registrou a mansidão de Cristo além de haver Paulo[46] chamado àquele período *a plenitude dos tempos*.

Verdadeiramente, o tempo e os valores temporais conheceram a plenitude porque nenhum componente da felicidade do homem faltou, então, ao mundo[47]. Mas de que modo com-

---
[45] São Lucas, *Evangelho*, II, 1. Dante fizera referência igual em *Convívio*, IV, v e na *Epístola* VII, 14.
[46] São Paulo: Epístola aos *Gálatas*, IV, 4.
[47] Dante situa naquele período, o único em que os poderes temporal e espiritual atuaram harmoniosa e plenamente. Insiste na afirmação, em *Convívio*, IV, v, 8.

portou-se o mundo depois disso; como a veste inconsútil[48] foi estraçalhada pelas garras da cobiça, podemos conhecê-lo pelas leituras, queira Deus que não por experiência.

Ó gênero humano: sob quantas tempestades, malefícios e sob quanta destruição padeces, tornado besta de múltiplas cabeças; compelido por deformado intelegir a desgastar-se em vãos e contraditórios esforços. Incorres em falso tanto ao usar o intelecto especulativo quanto ao empregar o prático; errando também na afetividade. Descuras de cultivar o intelecto superior que em si concentra razões insuperáveis; não supres com a experiência o intelecto inferior; nem os sentimentos com o doce afeto da persuasão divina, indiferente àquele clamor das trombetas do Espírito Santo: "é muito bom e muito agradável que os irmãos sejam um só"[49].

---

[48] A veste inconsútil representa, na passagem, a esfrangalhada unidade do Império Romano. Para o correspondente texto religioso: São João, XIX, 23.
[49] *Salmos*, CXXXII, 1.

Livro Segundo

LEGITIMAMENTE, O POVO ROMANO ASSUMIU A MONARQUIA, OU SEJA, O IMPÉRIO

PROÊMIO

I. PROÊMIO E PREPARAÇÃO PARA DEMONSTRAR HAVER SIDO LEGITIMAMENTE QUE O POVO ROMANO ASSUMIU A DIGNIDADE DO IMPÉRIO, TAMBÉM DITO MONARQUIA

"Por que razão se embraveceram as nações e os povos meditaram coisas vãs? Os reis da terra sublevaram-se, e os príncipes se coligaram contra o Senhor e contra o seu Cristo. Rompamos os seus laços, e sacudamos de nós o seu jugo[1]."

Sucede, quando não atinamos com a causa, que nos maravilhemos ante um efeito inédito. E também ocorre que conhecida a causa, menosprezemos àqueles que persistem em admirar o efeito. Foi assim que, no passado, quedei-me maravilhado, ao constatar que os romanos dominaram o mundo sem enfrentar resistência. É que, em tal passo, o meu julgamento era superficial: aceitava que Roma, não pelo direito mas pelas armas houvesse alcançado o império. Mas depois de longamente haver refletido e face a evidências positivas, reconheci que tal conquista se dera por desígnio da Divina Providência. Então, cessou o meu espanto e passei a provar irônico desprezo pelas nações que, soube-o, negavam a preeminência do povo romano; desprezo extensivo aos que cultivavam projetos inúteis, tal como eu fizera; e ainda aos reis e príncipes que, conforme pesarosamente constatei, acumpliciavam-se em iníquo objetivo: contrapor-se ao seu

---

[1] *Salmos*, II, 1.

senhor, o ungido[2] Príncipe Romano. Por isso, com ironia e também com mágoa, digo a respeito do glorioso povo e de César o que fora dito do Príncipe do céu: "Por que razão se embraveceram as nações e os povos meditaram coisas vãs? Os reis da terra sublevaram-se, e os príncipes se coligaram contra o Senhor e contra o seu Cristo".

Mas o amor ao semelhante, parte da natureza humana, não permite o prolongar-se de tal irrisão e assim como o Sol do verão dissipa as brumas matinais, iluminando e aquecendo; deixando para trás aquele desprezo irônico, pretendo espargir luzes reveladoras destinadas a romper as grilhetas de ignorância forjadas pelos ditos reis e príncipes. Isso farei, exibindo a verdade para a humanidade liberta de tal opressão. Na tarefa, buscarei conforto no profeta santíssimo, repetindo "rompamos os laços e sacudamos de nós o seu jugo".

Estas finalidades estarão atingidas se eu lograr fazer positiva a segunda parte do meu propósito maior e patentear a verdade sobre a questão proposta. Efetivamente, se o Império Romano resultar formado conforme o Direito, não somente erguer-se-á a névoa que cega esses príncipes que pela força ocuparam o poder e apreciam imaginar haver o povo romano agido de modo igual ao seu, como também propiciarei que todos os homens se proclamem libertos da sujeição àqueles usurpadores.

A verdade pois da presente questão resulta estabelecida não só à luz da razão humana mas ainda pela irradiação da autoridade divina; as quais duas forças, reunidas, buscam o mesmo objetivo. Animado por tal confiança e contando com o testemunho da razão e da autoridade, passo a responder à segunda questão.

---

[2] Embora as traduções em geral escrevam nesta passagem a palavra *único Príncipe*, exegetas mais rigorosos preferem *ungido* (*L'Unto del Signore*). Com as palavras do salmista, Dante atribui ao imperador o título de Messias, idéia que também comparece nas suas *Epístolas*, VI, 25 e VII, 10.

II. A VERDADE PROCURADA É AQUELA PARA A QUAL CONFLUEM, COMO SE A SEU PRINCÍPIO PRÓPRIO, AS PROVAS PARA A SUA ELUCIDAÇÃO

A verdade que buscamos definir na primeira parte deste livro resultou esclarecida à suficiência, ao menos conforme o permitido pela proposição. Procuremos, em seguida, a verdade da segunda tese, que é esta: foi legitimamente que o povo romano alcançou a dignidade do Império.

O primeiro a fazer em tal procura é definir que verdade é essa, para a qual confluem, como se a seu princípio próprio, as provas todas convocáveis para a elucidação.

É de notar que assim como a arte manifesta-se em três níveis: na mente do artista, no instrumento e no material utilizado – também a natureza pode ser considerada em três graus. Ela existe na mente do seu primeiro autor – Deus; depois, no céu, que é como que o instrumento mercê do qual a bondade eterna se transmite para a matéria inferior. Se o artista é perfeito e o instrumento apto, ocorrendo acaso realização imperfeita, apenas à matéria[3] pode-se imputar o defeito. Pois bem, sendo Deus suma perfeição e não sendo o céu – seu instrumento – privo de nenhuma das perfeições conforme estabelecido pela filosofia das esferas; – é à matéria que se deve atribuir quanto houver de defeituoso nas coisas inferiores, – fora das intenções de Deus e do céu. E o que é bom nas coisas inferiores, não seja atribuído à matéria sendo esta apenas potência, mas sim, primeiramente ao artífice divino e secundariamente ao céu, instrumento da arte divina, a qual, comumente, chamamos Natureza.

---

[3] Dante volta à essa imagem em *Paraíso*, I, 127 e segs. "Verdade é que muitas vezes a forma final da matéria não corresponde à intenção do artista, porque, na sua surdez, a matéria sustenta teimosias deformantes."

Do que foi dito resulta que o Direito – um bem – existe, desde logo, na mente divina. E porque tudo quanto existe na mente divina é o próprio Deus (segundo foi dito: "Nele estava a vida...")[4] e porque Deus a Si maximamente se considera, resulta que o Direito, enquanto Deus, é querido por Deus. E mais: em Deus, o seu querer e a coisa querida são uma e a mesma coisa; logo o Direito é a vontade divina. Decorre disto que o Direito, nas coisas, não é senão o reflexo da vontade divina, resultando que o não conformado à vontade divina não pode ser Direito e pois é Direito tudo quanto apresenta-se conforme a tal vontade. Donde o inquirir se uma determinada coisa mostra-se conforme o Direito é o mesmo que perquirir se ela apresenta-se segundo a vontade divina. Podemos, em decorrência, aceitar que o predisposto por Deus para a sociedade humana deve ser tido por Direito verdadeiro e puro.

Ademais, tenhamos presente o que Aristóteles[5] ensina no primeiro livro a Nicômaco: "Não se deve buscar a certeza em todas as matérias, mas tão-somente naquela atinente ao assunto tratado". Isto considerado, os argumentos aqui expostos serão bastante para o seu fim se o direito daquele povo glorioso resultar manifesto por sinais evidentes e pela autoridade dos sábios. A vontade divina não é visível por si mesma, porém o que em Deus é invisível, é visível em Suas criaturas, assim como o selo que permanecendo oculto dá testemunho de si na cera em que foi impresso. Não haja estranheza, portanto, se nos sinais que deixa é que se deve procurar a vontade divina, eis que a própria vontade humana, em sua exteriorização, faz-se conhecer por sinais.

---

[4] São João: *Evangelho*, I, 3.
[5] Aristóteles: *Ética a Nicômaco*, I, 7.

III. O POVO ROMANO NÃO USURPOU MAS POR DIREITO É QUE ASSUMIU O IMPÉRIO SOBRE TODOS OS MORTAIS

Digo, pois, haver sido por direito e não por usurpação que, sobre todos os mortais o povo romano assumiu o império. Afirmação assim provada: ao mais nobre dentre os povos cabe dirigir os demais e porque o povo romano foi nobilíssimo, incumbiu-lhe comandar os outros. O argumento invocado testemunha que "sendo a honra recompensa da virtude" e sendo honra toda supremacia segue-se que toda supremacia é recompensa da virtude. Ademais, é manifesto que pelo cultivo da virtude fazem-se nobres os homens, ou por virtude própria ou pela virtude dos antepassados. De fato, a "nobreza é virtude ou antiga riqueza", conforme declarou Aristóteles na *Política*[6] e segundo foi dito por Juvenal[7]: "a nobreza do homem é a sua virtude", afirmação que se aplica a ambas as nobrezas, a própria e a dos antepassados.

Aos nobres, por suas virtudes, cabe a prelatura. E por ser conveniente que os prêmios correspondam aos méritos, segundo o afirmar evangélico[8], "com as medidas com que medirdes sereis medidos", conclui-se que o comando mais alto deve caber a mais alta nobreza.

Tudo isto os antigos confirmam com seu testemunho. O divino poeta Virgílio, em toda a sua *Eneida* manifesta haver sido o gloriosíssimo Rei Enéias o pai do povo romano. Confirma-o Tito Lívio, historiador egrégio dos fastos romanos, no primeiro dos seus livros, o qual tem por início a queda de

---

[6] Aristóteles: *Política*, IV, 8. Cfr. *Convívio*, IV, 6 e segs.
[7] Juvenal: *Satíricas*, VIII, 20 (Décimus Junius *Juvenalis*, anos 42-125. Poeta rico de energia e imaginação. Sua obra mais festejada diz-se *Satíricas*, poesias das quais são conhecidas quatorze, contra os vícios dos romanos).
[8] São Mateus: *Evangelho*, VII, 2.

Tróia. De quanta nobreza fosse dotado tal invicto e piedosíssimo progenitor, não só considerada a sua própria virtude mas ainda aquela dos seus ascendentes e suas mulheres, as quais, por direito hereditário foram transmitidas ao povo romano, eu não alcanço referir, limitando-me a "falar delas sumariamente"[9].

A propósito da nobreza própria de Enéias, ouçamos Virgílio a nos apresentar[10] Ilioneu clamante: "Enéias era nosso rei, nenhum foi mais justo, nem mais piedoso; nenhum maior na guerra, pelas armas". Ouçamo-lo também, no livro sexto, falando de Miseno morto, aquele que fora companheiro de Heitor e após a morte deste unira-se a Enéias, no que, pelo dizer do poeta, "não escolhera no segundo homem inferior ao primeiro"; sabendo-se que a Heitor havia Homero glorificado com o situá-lo acima de todos os mais, conforme Aristóteles noticia a Nicômano[11].

Para a nobreza hereditária de Enéias, contribuíram as três partes do mundo, assim no tocante aos avós, quanto em relação às esposas. A Ásia nobilitou-o em seus parentes mais próximos, quais Assaraco e outros que reinaram na Frígia, região artística, conforme assegura Virgílio no terceiro livro[12]: "Depois que aprouve aos deuses subverter o império da Ásia e o povo de Priamo, que não mereceu tal infortúnio..." À Europa coube nobilitar o avô Dardanio; a África deu-lhe a antiquíssima avó Eletra, nascida do famoso Rei Atlas, dos quais avós falou o Poeta no seu oitavo livro, dirigindo-se a Evandro: "Dardanio, primeiro pai e fundador de Ilion, o qual, conforme o dizer dos gregos era filho de Eletra, uma das Atlântidas[13], aportou a Tróia. Eletra descende do grande Atlante que sustenta nos ombros os mundos celestes".

---

[9] Virgílio, *Eneida*, I, 342.
[10] Virgílio, *Eneida*, I, 544.
[11] Aristóteles, *Ética a Nicômaco*, VII, 1.
[12] Virgílio, *Eneida*, III, 1.
[13] Atlântidas: mitologia grega. Também chamadas Plêiades, filhas de Atlante e de Pleione. Eram sete: três, Eletra, Maia e Taígeta, foram amadas por Júpiter que as transformou em pombas e fixou-as no céu, para livrá-las da perseguição e das setas do caçador Oriào.

E que Dardanio fosse originário da Europa, sustenta-o Virgílio no livro terceiro: "Há uma região, chamada Espéria pelos gregos; terra antiga, fértil e poderosa pelas armas. Os enótrios a cultivaram sendo que seus descendentes dão a ela o nome de Itália, o mesmo que o do seu chefe. Lá é que havemos de ter nosso lar, pois dali vieram Dardanio e Jásio, estirpe nossa".

E que Atlas procede da África, manifesta-o um monte que tal nome ostenta, bem como Orósio[14] registra em sua descrição do mundo: "Seu ponto extremo é o Monte Atlas e as ilhas chamadas Afortunadas". Quando diz *seu* diz África, pois desse continente é que, então, tratava.

Também pelo casamento Enéias foi nobilitado. Sua primeira esposa, Creusa, filha do Rei Príamo[15], procedia da Ásia conforme nos inteira o acima dito. E que haja ela sido sua esposa assegura-nos Virgílio no livro terceiro, passagem em que Andrômaca[16] pergunta a Enéias sobre Ascânio, filho dele: "Que é do pequeno Ascânio? Vive ainda? Quando Creusa deu-to, já Tróia estava cercada"[17]. A segunda esposa foi Dido, rainha e mãe dos cartagineses africanos e que foi sua mulher, di-lo o Poeta no livro quarto[18]: "... já não medita amor furtivo; chama-lhe casamento e com este nome busca encobrir a falta". A terceira foi Lavínia, mãe dos albanos e dos roma-

---

[14] Orósio, Paulo: historiador e teólogo do século V. Discípulo de Santo Agostinho. Autor entre vários trabalhos, de uma *História do Mundo*, em sete volumes, à qual Dante alude nesta passagem.

[15] Príamo: último rei de Tróia, pai de cinqüenta filhos.

[16] Andrômaca: troiana, esposa do herói Heitor. É simpaticamente que figura na *Ilíada* (canto XXII) e na *Eneida*, merecendo neste poema um dos trechos mais sentimentais. Entregue por sorteio aos gregos vencedores, sofreu a "soberba da família de Aquiles e as asperezas do jovem Pirro, parindo no cativeiro...".

[17] O verso 340, que alude ao filho de Enéias foi deixado incompleto por Virgílio: "Quem tibi jam Troia...". Aceita-se a complementação proposta por Binet: "... peperit nutante Creusa".

[18] Virgílio: *Eneida*, IV, 171.

nos, filha e herdeira do Rei Lavínio, conforme nos diz Virgílio no livro doze[19], apresentando o batido Turno a suplicar a Enéias: "Venceste; viram-me os ausônios vencido estender as mãos. Lavínia é tua". Esta última esposa de Enéias era filha da Itália, nobilíssima região da Europa.

Por quanto foi dito e provado resulta haver sido Enéias o pai do povo romano, nobre pelo lado masculino quanto pelo feminino, e havendo ele sido nobilíssimo, também nobilíssimo foi o povo dele descendente. Quem a tudo isto apresentará objeções? Quem não perceberá no confluir para um só homem tanta nobreza de sangue das partes todas do mundo, uma clara predestinação divina?

IV. O HOMEM DISTINGUIDO COM A AJUDA DE MILAGRES É PRIVILEGIADO POR DEUS

Aquele ser que ademais das virtudes natas tem o seu desenvolvimento ajudado por milagres, é privilegiado por Deus. Conseqüentemente, acumula direitos. E que assim é nos assegura S. Tomás no terceiro livro da *Summa Contra Gentiles*[20]: "Milagre é o acontecimento que, por vontade divina, sucede fora da ordem costumeira". Com este dizer, afirma que somente a Deus é possível realizar milagres; afirmativa anteriormente feita por Moisés ao narrar que os mágicos a serviço do faraó, depois de inutilmente haverem empregado todos os meios naturais para debelar a praga dos insetos, exclamaram: "O dedo de Deus está posto nisto"[21].

---

[19] Virgílio: *Eneida*, XII, 936.
[20] São Tomás: *Summa Contra Gentiles*, III, 101.
[21] *Êxodo*, VIII, 19.

Pois bem, se o milagre é obra do Primeiro Princípio, sem colaboração de agentes segundos – consoante S. Tomás prova à saciedade na obra citada – é errado suspeitar que a causa em favor da qual o milagre foi operado não seja agradável a Deus e por Ele sustentada. Lícito e certo é afirmar o contrário, ou seja: o Império Romano atingiu o conhecido apogeu mercê de milagres; portanto, tal apogeu foi do agrado de Deus; logo, foi e é legítimo.

E que em sua ascenção o Império haja sido impelido por milagres, certificam-no autores bastante acreditados. Assim foi que Numa Pompílio, segundo rei dos romanos, estando a oferecer sacrifícios conforme os ritos dos gentios, do céu caiu um escudo sobre a cidade eleita. Do fato Tito Lívio dá testemunho em seu primeiro livro[22]. O mesmo milagre pode ser encontrado no livro nono de Lucano[23], trecho em que a incrível violência do vento Austro, flagelador da Líbia, é narrada com estas palavras; "De certo caíram assim, sobre Numa sacrificador, as armas empunhadas pelos jovens patrícios; o austro ou bóreas haviam-nas arrancado dos povos que as brandiam".

Na ocasião em que os gauleses, conquistada a cidade, fiando-se das sombras da noite, intentaram penetrar o Capitólio, último baluarte do nome romano; um ganso, jamais visto ali anteriormente, alertou os guardas contra o avanço inimigo e animou-os a defender a cidadela – prodígio atestado por Tito Lívio[24] e outros escritores de nomeada. Do fato faz registro também o nosso Poeta ao descrever, no livro oitavo[25], a armadura de Enéias: "No alto da rocha Tarpéia, Mânlio montava guarda ao templo e vigiava o excelso Capitólio onde o ainda recente palácio de Rômulo mostrava-se coberto por

---

[22] Tito Lívio, I, 20, 4.
[23] Lucano, *Farsalia*, IX, 477 e segs.
[24] Tito Lívio, V, 47.
[25] Virgílio, *Eneida*, VIII, 652. Dante insiste no assunto em *Convívio*, IV, 18.

eriçado colmo. Súbito, um ganso de argênteas asas, a voejar sob os pórticos dourado, com seus gritos dava alarma, denunciando a aproximação dos gauleses".

Há mais: quando a nobreza romana, assediada por Aníbal, achava-se aviltada a tal ponto que para completar-se a ruína da República faltava apenas a entrada dos cartagineses na Urbe; foi uma repentina e violenta saraivada a obstar os púnicos na obtenção da vitória. É Tito Lívio[26] quem nô-lo relata, entre outras façanhas ocorridas durante a guerra contra os africanos. Não foi igualmente maravilhoso o feito de Clélia? Esta heroína, prisioneira de Porsena[27], recebe socorro miraculoso, rompe as correntes e com a ajuda divina vadeia o Tibre, façanha incluída por quase todos os escritores entre as glórias romanas.

Convinha agir assim Àquele que do esplendor da perfeição contempla e ordena eternamente todas as coisas. Tornado visível[28], por meio de milagres patenteou as coisas invisíveis; sendo que por meio de milagres, enquanto invisível[29], autenticou a legitimidade do Império.

---

[26] Tito Lívio, XXVI, II.
[27] Porsena, rei etrusco, quase conquistador de Roma.
[28] Fazendo-se homem na pessoa de Cristo.
[29] Invisível porquanto aos tempos da afirmação do Império Romano, dias de paganismo, Deus não se revelara na pessoa do Cristo.

V. (1. 17). TODO AQUELE QUE ASPIRA O BEM DA REPÚBLICA BUSCA O DIREITO

Aquele que se preocupa com o bem público, preocupa-se com o fim do direito; e que assim é, prova-se com a seguinte exposição: o direito é uma proporção real e pessoal de homem para homem, a qual, se observada, serve a sociedade e se contrariada, a corrompe. A descrição constante do Digesto não diz o que é o direito, porém explica-o segundo a utilização que se lhe dá. Portanto, se definirmos com precisão a substância e o efeito do direito; e se o fim ambicionado por qualquer sociedade é o bem-comum, conclui-se ser o bem-comum a finalidade do direito; sendo impossível assistir razão àquele que não procure o bem-comum. Acertadamente Túlio[30] escreveu no primeiro livro da *Retórica*: "As leis devem sempre ser interpretadas para utilidade da República". As leis que não visem utilidade para quantos a elas estejam sujeitos, de lei têm apenas o nome, enquanto, na verdade, não podem ser leis; eis que a finalidade das leis é unir os homens para a comum utilidade. Isto levou Sêneca a dizer, no *Livro Das Quatro Virtudes*[31]: "a lei é o vínculo da sociedade". Resulta manifesto ambicionar o bem da sociedade aquele que observa o direito. Portanto, a respeito dos romanos pode-se afirmar que buscaram o bem da República pois tiveram o direito como fim. E que tal povo haja tendido para a busca do bem-comum ao submeter o universo conhecido, dão testemunho os seus atos. Liberto da cupidez inimiga do bem público,

---

[30] Túlio, Marco Túlio Cícero, *De inventione*, L, 38.
[31] A obra citada, *Liber de Quatuor Virtutibus* (Cap. IV), por muitos atribuída a Sêneca, foi escrita realmente por Martinho de Dume (500-580) santo, arcebispo de Braga. Sábio e piedoso, alcançou converter o rei Suevo Teodomiro, fundou o mosteiro de Dume (Braga) e escreveu várias obras, entre elas: *Regra de Fé*, *Tratado dos Costumes*, Dante cita o livro *Das Quatro Virtudes*, também em *Convívio*, III, viii, 8, sem atribuir-lhe autoria.

amante da paz e por igual da liberdade; aquele povo santo, piedoso e glorioso, sugere haver postergado as próprias conveniências na procura do bem para o gênero humano. O que justificou fosse escrito: "o Império Romano nasceu da fonte da piedade"[32].

Mas porque das intenções daqueles que são movidos por vocação nada resulta manifesto a quem as considere à distância e por sinais externos, e porque as teses somente podem ser questionadas no tocante à matéria versada; procederemos bem e corretamente se fixarmos as intenções do povo romano conforme as deduções sugeridas pelos sinais deixados por indivíduos, isoladamente, e pelo colégio deles.

Relativamente aos colégios, os quais, deduz-se, ligavam os cidadãos à sociedade, é suficiente invocar Túlio no livro segundo *Dos Ofícios*[33]: "enquanto o império da república mantinha-se com benesses e não com injúrias, as guerras eram feitas em favor dos aliados ou do império e o término delas era assinalado ou pela clemência ou por necessária severidade; sendo o Senado o porto e o refúgio de reis, de povos, de nações; magistrados e chefes militares esforçavam-se ao máximo no defender com eqüidade e sinceridade as províncias e os aliados. Assim, proteção e não império do mundo, a isso se pode denominar". Foi o que disse Túlio a propósito dos colégios.

Dos indivíduos, tratarei com brevidade. Não é correto concluir haverem buscado o bem-comum aqueles que, com fadigas, pobreza, exílio, perda de membros e mesmo da vida esforçaram-se por fazer aumentar o bem público? Não nos deu exemplo convincente esse camponês ditador Cincinato[34], de acordo com o que dele nos conta Tito Lívio: depondo volun-

---

[32] Ver *Epístolas*, V, 7.
[33] Marco Túlio Cícero: *De Oficiis*, II, 8.
[34] Dante invoca a mesma personagem no canto VI, 46-47, *Paraíso*, da *Divina Comédia*, entre "tantos heróis romanos".

tariamente a dignidade ao termo de mesma? E restituído aos cônsules, depois da vitória e do triunfo o bastão de comandante, não voltou ele às suas terras, para suar no trabalho, guiando os bois do arado? Foi em seu louvor que Cícero, falando contra Epicuro no livro *Do fim dos Bens*[35] afirmou: "Nossos ancestrais tiraram Cincinato do arado para fazê-lo ditador".

Também Fabrício não nos deu valiosa lição de resistência à avaricia ao recusar, sendo pobre mas tocado pela fé à causa pública, elevada importância em ouro (pronunciando então palavras à altura do gesto)? A verdade deste proceder está confirmada por Virgílio que no livro sexto[36] exaltou "Fabrício, glorioso em sua pobreza". Lembremos ainda o exemplo de Camilo, tornando-se memorável ao preferir o rigor da lei aos seus interesses. Refere-nos Tito Lívio[37] que Camilo, condenado ao exílio apesar de haver levantado o assédio que ameaçava a pátria e reconquistado e restituído a Roma os troféus de guerra dela retirados como saque; abandona a Cidade, mesmo sob o protesto dos cidadãos, não regressando senão quando o Senado para tanto lhe deu a necessária licença. Este homem magnânimo resulta celebrado por Virgílio no livro sexto da Eneida[38]: "Camilo, restaurador da glória das armas pátrias." E o primeiro Bruto[39] não demonstrou que à liberdade da pátria devem ser pospostos os filhos e outros parentes? Tito Lívio nos revela haver sido Bruto o cônsul que votou à morte os próprios filhos acordados com o inimigo. Virgílio exalta, no sexto canto da Eneida, a glória do herói: "puniu, por amor da formosa liberdade, os filhos

---

[35] Marco Túlio Cícero: *De Finibus Bonorum et Malorum*, II, 4.
[36] Virgílio: *Eneida*, VI, 843.
[37] Tito Lívio: V. 32.
[38] Virgílio: *Eneida*, VI, 825.
[39] Dante aprecia este herói, Bruto. Citou-o em *Inferno*, IV, 127; e em *Convívio*, IV, v, 14.

que se armaram contra ela"[40]. E Múcio não nos ensinou que pela pátria deve-se ousar para além de todos os perigos, quando, após haver atacado o incauto Porsena, viu a própria mão consumir-se ao fogo com o mesmo olhar que teria mantido observando um inimigo posto em tormentos? Do episódio, é maravilhado que Lívio nos dá testemunho[41].

Consideremos em seguida os Décios, vítimas sacratíssimas, a ofertarem as vidas pelo bem público, tendo Lívio[42] se proposto a glorificá-los não quanto mereceram mas quanto ele soube e pôde fazer. Haja destaque também para o inapreendível sacrifício do seveíssimo instituidor da liberdade, Marco Catão. Aqueles, não recearam a morte pela liberdade da pátria; estoutro, a fim de acender pelo mundo a chama do amor à liberdade, mostrou qual fosse o alto preço dela, preferindo livremente sair da vida, do que viver sem liberdade[43]. Estes heróis, gloriosos nos são lembrados por Túlio no livro dos *Fins Bons*[44], passagem em que assim se refere aos Décios: "Públio Décio, chefe da família, cônsul; quando de si fez doação à pátria, lançando ousadamente o cavalo para o meio da turba dos latinos, estaria cogitando em seus prazeres? Em quantos e onde os provaria? Sabia morrer de imediato mas buscou a morte com maior empenho do que Epicuro costuma pôr na busca dos gozos. Se tal feito não houvesse sido devidamente louvado, não teria sido repeti-

---

[40] Passagem objeto de polêmica, seja nas traduções da *Eneida* seja nas de *Monarquia* a partir do texto de Ficino. Virgílio, claramente, escreveu *vocavit*. Ficino traduziu *chiamerà*. Outros, preferem, *Chiamó*.
[41] Tito Lívio, II, 12.
[42] Tito Lívio, VIII, 9.
[43] Dante também cita o evento em *Paraíso*, VI, 47 e *Purgatório*, I, 71 e seguintes, onde assegura que tal gesto (suicídio pela liberdade) "no Juízo Final, sob luzes favoráveis será olhado".
[44] Marco Túlio Cícero, *De Finibus*, II, 19.

do por seu filho, cônsul quatro vezes; nem o filho do filho, também cônsul, combatendo contra Pirro teria morrido em combate: terceiro sacrifício com que a família honrou a pátria". No livro *Dos Ofícios*[45], é assim que Cícero refere-se a Catão: "Não teve Marco Catão situação pior que a de quantos, na África, sujeitaram-se a César; sendo que se estes outros tivessem cometido suicídio, esse proceder poderia ser tido como criminoso em consideração à sua vida dissipada e ao seu caráter nada rígido. Mas porque à Catão a natureza dera notável austeridade, aumentada por sempre animoso esforço, preferiu ele antes morrer do que fitar a face do tirano".

V. (18-26). AQUELE QUE SE PROPÕE O FIM DO DIREITO PROCEDE CONFORME O DIREITO

Duas afirmações estão demonstradas até este ponto: aqueles que se propõem o bem da república atendem ao fim do direito; a segunda assegura que ao submeter a terra inteira, o povo romano atendeu ao fim do direito.

Em razão do exposto, argumentemos: quem se propõe o fim do direito, ascende legitimamente. O povo romano, sujeitando o mundo, aspirou ao fim do direito, segundo provado. Portanto, o povo romano, sujeitando a terra, procedeu legitimamente, sendo em decorrência legitimamente que assumiu a dignidade imperial, conclusão essa reduzida das afirmações anteriormente citadas. Para melhor evidenciar tal legitimidade, provaremos que ascende segundo o direito aquele que se propõe o fim do direito.

---

[45] Marco Túlio Cícero, *De Oficiis*, I, 112.

Principiemos por considerar que o ser existe para um fim que lhe é próprio (de outro modo seria um ser ocioso, o que não pode ocorrer, conforme ficou demonstrado). E sendo que cada coisa tende ao fim que lhe é próprio, correspondentemente todo fim existe para determinada coisa da qual é o fim próprio. Impossível, portanto, que duas coisas, enquanto diferentes entre si, tendam para um mesmo fim, pois desse tender resultaria o absurdo de que uma daquelas duas coisas existiria desligada de um fim.

Ora, segundo o estabelecido, existe um fim para o direito. Portanto, estabelecido o fim, decorre a necessidade de estabelecer o direito, eis que o fim é efeito próprio e imediato do direito. E porque é impossível, em qualquer conseqüência, ocorrer o antecedente sem que ocorra o conseqüente – assim como existir o homem sem o animal – o que se pode declarar tanto afirmativa quanto negativamente; também é impossível buscar o fim do direito sem o direito, porquanto cada coisa possui o seu fim próprio tal como o conseqüente possui o seu antecedente – eis que não se pode gozar da saúde particular dos membros sem gozar da saúde geral do corpo. Conhece-se, portanto, ser necessário àquele que busca o fim do direito, proceder com o direito, ficando sem valor a objeção de Aristóteles[46] ao tratar da eubolia, quando diz que "de um falso argumento pode-se, artificiosamente, retirar outro, verdadeiro". Efetivamente, ao retirar, o verdadeiro de premissas falsas, o resultado é mero acidente; a verdade, em tal caso, dimana da ilação; eis que por sua natureza o verdadeiro nunca procederá do falso, apesar de que, às vezes, sinais do verdadeiro possam provir do falso, consoante

---

[46] A citação remete o leitor de Aristóteles a *Ética a Nicômaco*, VI, 10. Convém observar que, traduzindo, Ficino simplificou o texto aristotélico: "Dar-se-á o caso de deduzir-se de falso silogismo conseqüência verdadeira; não da falsidade própria do silogismo e sim na adoção de falso termo médio".

ocorre com as ações. Exemplo: o produto de um furto pode socorrer a um pobre, sem que tal auxílio possa ser considerado esmola; auxílio esse que seria considerado esmola se concedido com substância legitimamente adquirida. Assim é também quanto ao fim do direito se ele fosse alcançado sem o direito de alcançá-lo, tanto viria a constituir-se no legítimo fim do direito (entenda-se: bem-comum) quanto o produto do roubo constitui esmola legítima. Improcede, pois, qualquer objeção que se pretendesse levantar quanto ao fim verdadeiro, não o aparente, do direito. Apresenta-se, assim, claramente, aquilo que vínhamos buscando.

VI. AQUILO QUE A NATUREZA ORDENOU, POR DIREITO É QUE SE CONSERVA; E DE COMO O POVO ROMANO FOI ORDENADO PARA GOVERNAR

Tudo quanto a natureza ordenou, por direito é que se conserva; eis que a natureza não falha no estabelecer as coisas e nisso não é menos que a providência humana; dado que se o fosse, veríamos o efeito – em termos de bondade – ultrapassar a causa, o que não pode ser.

Notemos que ao pretender estabelecer uma organização humana, seu fundador não apenas regulamenta o relacionamento entre os membros mas também as capacidades que eles possuam para ocupar diferentes cargos; empenho que constitui a aplicação do direito de instituir, eis que, efetivamente, o direito não ultrapassa o poder. Ora, a natureza, ao estabelecer uma ordem, não procede menos avisadamente do que a prudência humana. Decorre a evidência manifesta de que a natureza ordena as coisas observando a hierarquização das capacidades, residindo na aptidão de cada ser o fundamento do direito com que a natureza dá estrutura a todas as coisas. Conseqüentemente, o ordenamento natural não subsiste sem a observância do direito; e isso de modo tal que, inseparavelmente, apóiam-se os fundamentos do direito e a ordem natural. Daí que a ordenação estabelecida pela natureza deve ser, por direito, respeitada.

Ora, foi na natureza a ordenar o povo romano para o comando; o que se prova pelo argumentar seguinte: não dominaria com inteireza uma arte aquele artista que considerasse apenas o produto final da mesma arte, sem ponderar também os meios empregados para chegar ao produto. Assim procederia a natureza se cuidasse tão-somente da forma universal da similitude divina, desconsiderando a matéria. A natureza, porém, não falha em nenhum dos seus atos. Por ser, como é, parte da inteligência divina, preocupa-se com todos os meios que realizem o fim supremo a que ela objetiva. Sendo que o fim do gênero humano subordina-se aos propósitos últimos da natureza, segue-se ter a natureza, em consideração, o fim do gênero humano. Aristóteles no segundo livro sobre a Física[47] assegurou que a natureza opera sempre em razão de um fim determinado. Não alcançando tal fim por intermédio de um só homem – porquanto sendo muitas as operações reclamadas, fazem-se necessários muitos operadores – a natureza produz muitos homens ordenados a realizarem as diferentes operações. Muita ajuda aportam a este produzir além da influência dos céus, virtudes provenientes de sítios inferiores[48]. Por isso é que vemos certos homens e certos povos nascerem aptos para comandar e outros a obedecer, segundo ob-

---

[47] Aristóteles: *Física*, I, 1.
[48] Os versos 97 e seguintes, do canto VIII, Paraíso, da *Divina Comédia*, explicam a referência a "propriedades e virtudes provenientes de lugares inferiores". Lê-se ali: "O Bem (Deus) que alegra este reino (...) faz que a Sua obra de Providência, manifesta nestes corpos celestes, torne-se em virtudes aptas a influírem nos mundos inferiores".

serva Aristóteles na sua *Política*⁴⁹. Para estes últimos, quer o filósofo que seja mais útil (até mesmo justo), serem governados, ainda quando a isso constrangidos.

Se tal ocorre, não há como duvidar de que a natureza haja disposto uma sede e um povo aptos para o domínio do mundo. Sem isso ela faltaria à sua finalidade, o que não se pode admitir possível. Qual seja tal sede e tal povo, o dito e o a dizer indicam Roma e o povo romano. Com essa eleição, sutilmente concorda Virgílio no canto sexto da *Eneida*, ao mostrar Anquises afirmando ao pai dos romanos, *Enéias*⁵⁰: "Saberão outros com arte superior dar mais vida aos bronzes, retirar dos mármores vultos de homens, falar das tribunas com maior eloqüência, fixar e descrever o aparecimento dos astros e o seu movimento pelo céu; mas tu, romano, lembra-te de que teu fim é o de imperar sobre os povos. Estas serão as tuas artes: impor a paz, perdoar aos vencidos e esmagar os soberbos". Quanto à predestinação atinente ao lugar, ela vem exposta no livro quarto⁵¹, quando se reproduz o que de Enéias dizia Júpiter a Mercúrio: "não foi isso o que dele me prometeu sua formosa mãe⁵²; nem para isso que duas vezes o salvou das armas dos gregos; mas prometeu que este seria aquele que regeria a Itália, lugar pleno de reinos e potente nas batalhas".

Pelo exposto resulta provado haver sido o povo romano ordenado pela natureza para o governo do mundo. Portanto, foi legitimamente que submetendo a terra ele atribui-se o império.

---

[49] Aristóteles, *Políticas* I, 8.
[50] Virgílio, *Eneida*, VI, 847.
[51] Virgílio, *Eneida*, IV, 227.
[52] A deusa Vênus.

VII. AS INTENÇÕES DIVINAS CONTIDAS NA NATUREZA PODEM RESULTAR MANIFESTAS PELA RAZÃO E PELA FÉ

Ao desejarmos definir com clareza a verdade procurada, tenhamos presente que as intenções divinas contidas na natureza estão ou evidentes ou ocultas. Evidentes, por duas formas: pela razão ou pela fé. Algumas daquelas intenções podem ser entendidas com o só exercício da razão. Exemplo: na defesa da pátria o homem deve submeter-se a todo perigo. A parte deve aceitar o perigo pelo bem do todo. Sendo o indivíduo parte da coletividade, – di-lo Aristóteles, na *Política*[53]: "deve ele expor-se pela pátria ao perigo, um bem menor por um bem maior". É o que afirma Aristóteles, na Ética[54]: "Apreciável é o bem pessoal; nobre e divino é o bem da comunidade". Neste julgar pode-se reconhecer a intenção divina, pois de outra forma a razão humana não atenderia aos fins da natureza, o que é impossível.

Opostamente, há juízos divinos que a razão humana não logra alcançar com apenas os seus meios mas a cujo entendimento pode chegar recebendo auxílio da fé e das revelações contidas nas escrituras sagradas. Exemplo: homem algum, por mais dotado na posse e no exercício das virtudes morais e intelectuais, atingirá a salvação se não exercitar a fé, ainda que não tendo jamais ouvido nomear a Cristo. A justiça desta afirmativa não pode ser compreendida pela razão humana, se esta procura sozinha aquela justiça. Consegui-la-á, se ajudada pela fé. Eis o que foi escrito aos hebreus[55]:

---

[53] Aristóteles, *Política*, I, 2.
[54] Aristóteles, *Ética a Nicômaco*, I, 1.
[55] São Paulo: *Epístola aos Hebreus*, II, 6. Na *Divina Comédia*, Paraíso, XIX, 70; Dante estende-se: "Nasceu um homem junto ao Rio Indo, onde não há quem escreva, quem fale, quem ensine a respeito de Cristo. Contudo, seus desejos e seus atos, tanto quanto possa julgar a razão humana, não contêm matéria de pecado, seja no agir, seja no falar. Vem a morrer, sem batismo, sem fé. É justo que seja condenado? Onde a sua culpa se não sabe, se não crê?"

"Sem fé, é impossível agradar a Deus". E no Levítico[56] está dito: "Qualquer homem da casa de Israel que matar um boi, ou uma ovelha ou uma cabra nos acampamentos ou fora dos acampamentos, e a não apresentar à porta do tabernáculo em oferta ao Senhor, será réu de sangue". A porta do tabernáculo deve ser entendida como referência a Cristo – o qual é chave e portal do reino eterno – consoante o que nos ensina o Evangelho. O sacrifício de animais alude às ações humanas.

E há também aquele juízo divino, ao qual, por oculto, a razão humana não alcança chegar nem pela lei natural nem pela que ditam as Escrituras, mas tão-só pela força de graça especial concedida ou por simples revelação ou por revelação resultante de algum debate. A revelação simples ocorre ou por espontânea concessão divina ou como efeito da oração. Se por concessão divina, ocorre sob duas formas: expressa ou por sinais. Exemplo de revelação expressa: aquela concedida a Samuel no juízo contra Saul[57]. Exemplo de revelação por sinais: Deus fazendo saber ao faraó haver decidido a libertação dos israelitas[58]. E é de revelação obtida com auxílio da oração que nos fala o autor do segundo livro dos *Paralipomenos*[59]: "como não sabemos o que devemos fazer, por isso não nos fica outro recurso que voltar para Ti os nosso olhos".

A revelação alcançada ao fim de alguma prova resulta ou do acaso ou de contenda. De fato, a palavra *certare*[60] é sinônimo de *combater*, significando, pelo resultado da contenda "certum facere" – tornar certo, certificar. No referente ao

---

[56] *Levítico*, XVII, 3-4.
[57] *Primeiro Livro dos Reis*, XV, 10 e seguintes: "E o senhor dirigiu a palavra a Samuel, dizendo: Arrependo-me de ter feito rei a Saul, porque..."
[58] *Êxodo*, VII a X.
[59] *Paralipomenos*, segundo livro, XX, 12.
[60] *Novo Dizionario Scolàstico della Lingua Italiana*. P. Petròcchi, Fr. Treves.

acaso, este repetidas vezes patenteou aos homens as decisões divinas, exemplo do que podemos encontrar nos Atos dos Apóstolos, episódio da eleição de Matias[61].

Como resultante de contenda, por duas formas se manifesta o juízo de Deus: ou efetivamente pelo resultado do confronto de forças, conforme ocorre nos duelos, porque entre dois é que se realiza este combate; ou ao fim do esforço de vários participantes empenhados em chegar primeiro a um objetivo dado, assim como na disputa do pálio[62]. A primeira daquelas formas de combater está bem ilustrada pela referência dos pagãos ao duelo travado entre Hércules e Anteu[63], narrado por Lucano[64] no quarto livro de *Farsalia* e ainda por Ovídio no *Metamorfoses*[65], livro nono. O segundo modo é aquele narrado no citado *Metamorfoses*, entre Atlante e Hipómeno[66]. Convém atentar para a diferença ocorrente entre os dois tipos de contenda: no primeiro, os duelistas podem, sem cometer deslealdade, procurar o prejuízo um do outro. No segundo,

---

[61] *Atos dos Apóstolos*, I, 26: "E tiraram os seus nomes à sorte, e caiu a sorte em Matias, e foi associado aos onze Apóstolos". (Em substituição a Judas Iscariotes.)
[62] *Pálio*: Disputa do pálio. Jogos populares comuns a várias cidades italianas. Equipes representando bairros ou partes da cidade, disputam coletivamente um troféu. O de Siena é o mais conhecido.
[63] *Anteu*: gigante monstruoso, recuperava forças ao tocar o solo com os pés. Esmagava a quantos homens encontrasse. Desafiou Hércules mas este, logrando manter Anteu sem tocar o chão, pôde, assim, estrangulá-lo, ao fim de combate formidando.
[64] *Lucano*: Marcus Annaeus L., poeta latino, natural de Córdoba, Espanha; morto em Roma para escapar a Nero. Sua obra principal e aqui referida é o poema *Farsalia*, em dez cantos, tratando da luta entre César e Pompeu e simpático a este, embora o herói principal seja Catão.
[65] *Metamorfoses*: poemas mitológicos de Ovídio. Em quinze livros, é dos mais festejados das letras latinas. Situa-se em tempos fabulosos e trata das principais passagens míticas.
[66] *Atlante e Hipómeno*: profanadores do santuário de Zeus, foram por este transformados em leões e atrelados ao carro do deus.

essa possibilidade não assiste aos contendores. Àqueles que disputam o pálio é vedado criar obstáculos aos rivais, embora pareça que o nosso Poeta[67] pensasse de modo diverso porquanto no livro quinto fez premiar a Euríalo. Porém Túlio, acertadamente, no terceiro livro *Dos Ofícios*[68], respaldado em Crísipo, verberou assim aquele procedimento: "Crísipo observou, tão retamente nesta quanto em outras oportunidades que o disputante do pálio deve esforçar-se ao máximo por vencer mas tentar o prejuízo dos concorrentes, isso não pode".

Feitas estas distinções, acrescentemos, em benefício da tese exposta, dois argumentos assaz eficazes, sugerido um pela disputa entre vários atletas e o outro pelo confronto dos duelistas. Argumentos esses a serem desenvolvidos nos capítulos seguintes.

VIII. O POVO ROMANO QUE AOS MAIS POVOS SUPEROU NA DISPUTA DO IMPÉRIO, ISSO FEZ POR VONTADE DIVINA

Portanto, o povo que superou todos os mais povos na disputa do império do mundo, superou-os mercê da vontade divina; eis que Deus cuida preferentemente de um litígio universal sobre outro, particular. É certo que em contendas particulares, disputantes usam requerer o apoio divino, consoante o dizer do provérbio: "a quem Deus concede, São Pedro abençoa".

O que não deixa dúvidas é que o prevalecer do romano sobre os disputantes do império mundial haja sido disposto pelo

---

[67] *Virgílio*: no poema *Eneida* (V. 337), Euríalo, companheiro de Enéias, mas celebrizado principalmente pela sua amizade por Niso, disputou as corridas, parte dos jogos fúnebres em honra de Anquises. Niso ajudou claramente a vitória de Euríalo.

[68] Marco Túlio Cícero: *De Oficiis*, III, 10. Crísipo, o filósofo citado, nascido em 280 a.C., na Cilícia, discípulo de Zenon, é considerado um dos pais do estoicismo.

querer divino. O povo romano prevaleceu sobre quantos disputaram aquele império; o que resulta evidente, seja no considerar-se os disputantes, seja no referente à meta ou ao prêmio. A meta e o prêmio foram o predomínio sobre todos os mortais e a isto chamamos império. Não foi ele alcançado por nenhum outro povo senão o romano; não apenas o primeiro mas também o único a conquistar a vitória em tal combate, conforme provaremos a seguir.

O primeiro dentre os mortais a intentar alcançar esse galardão, foi Nino, rei dos assírios. Incentivado por sua mulher, Semirâmis, durante muitos anos, tentou obter pelas armas o domínio do mundo, conforme o relato de Orósio[69]. E se bem que tenha subjugado a Ásia não alcançou submeter regiões ocidentais. A esse casal faz menção Ovídio no livro quarto[70], escrevendo a respeito de Píramo: "Semirâmis cingiu Babilônia com muros" e, mais adiante,[71]: "Ocultos pelas sombras, reunir-se-ão junto ao corpo de Nino".

O segundo a ambicionar tal prêmio foi Vesoges, rei dos egípcios e embora houvesse atribulado o meio-dia e o setentrião asiático, segundo o informe de Orósio[72], jamais alcançou dominar metade da terra até ser batido, combatendo os citas, longe ainda do objetivo final.

Seguiu-se-lhe Ciro, rei dos persas, tentando vistoriar-se. Destruiu Babilônia, transformando em persa o império babilônico. Mas sem haver alcançado o Ocidente, perdeu a razão da disputa e a vida com ela, diante de Tomiris, rainha dos citas[73].

---

[69] Orósio, *Histórias*, I, 4.
[70] Ovídio, *Metamorfoses*, IV, 58.
[71] Ovídio, *Metamorfoses*, IV, 68.
[72] Orósio, *Histórias*, I, 4.
[73] Na *Divina Comédia:* Purgatório (XII, 55-57), Dante mostra-nos Tomiris dizendo a Ciro: "Tiveste sede de sangue, sacia-te agora".

Xerxes, filho de Dario e rei dos persas, tentou depois daqueles. Partiu ao assalto do mundo à frente de tamanha multidão e senhor de um poder tão grande que logrou cruzar o mar que separa a Ásia da Europa, lançando entre Sestos e Ábidos[74] uma ponte tão admirável que mereceu de Lucano boa citação no *Farsalia Pugna*[75]: "A fama celebra o caminho que o poderoso Xerxes construiu sobre o mar". Contudo, frustrado em seu propósito, finou-se miseravelmente, longe de alcançar triunfo.

Foi então a vez de Alexandra, rei da Macedônia, aquele que mais se avizinhou do prêmio da monarquia universal. Porém, quando do Egito seus embaixadores intimaram os romanos à submissão e antes que resposta fosse dada, Alexandre morreu pela forma narrada por Tito Lívio[76]. E Lucano, no livro oitavo de *Farsalia*, refere-se ao túmulo de Alexandre ao invectivar por este modo a Ptolomeu, rei egípcio: "Ó último e degenerado rebento da estirpe lágida votada ao desaparecimento: obedecerás aos mandados da incestuosa irmã, embora sob teu domínio esteja o túmulo do rei da Macedônia"[77].

"Ó grandiosidade do saber e do poder divinos"[78], haverá quem não se maravilhe, conhecendo-te? Eis que ao dispor-se Alexandre a obstacular o avanço do povo romano rumo ao triunfo, retiraste-o da liça a fim de que sua temeridade à suma altura não o alçasse.

---

[74] Na *Divina Comédia*, Purgatório (XXVIII, 70 e segs.), Dante menciona a passagem entre os pontos extremos dos dois continentes: "... deixou passar a Xerxes em episódio que ainda é exemplo para prevenir o orgulho humano".
[75] Lucano: *Farsalia*, II, 672.
[76] Tito Lívio: IX, 17 e seguintes.
[77] Lucano: *Farsalia*, VIII, 692.
[78] São Paulo, *Epístola aos Romanos*.

De que Roma haja conseguido a palma da vitória, há testemunhos confiáveis. Virgílio diz no livro primeiro da *Eneida*[79]: "... da repatriada progênie de Teucro haviam de provir no correr dos tempos os Romanos; daí teriam origem os capitães que avassalariam o mar e a terra".

Lucano escreveu no primeiro livro de *Farsalia*[80]: "Com o ferro será partilhado tudo quanto possuir aquele povo poderoso – mar, terras, o mundo inteiro, pois nada basta a dois senhores".

E Boécio, no livro segundo[81], referindo-se ao príncipe dos romanos, afirma: "Com o seu cetro regia aqueles povos aclarados pelo Sol nascente, e os que assistem ao tramontar do Astro e também os que se queimam sob o ardor do zênite".

Testemunho no mesmo sentido também deu Lucas, escriba de Cristo, que sempre afirmou verdades e assim registrou[82]: "E, naqueles dias saiu um édito de César Augusto para que se fizesse o recenseamento de todo o mundo". Palavras a nos assegurar que, então, a jurisdição universal cabia aos romanos.

Conclui-se de quanto foi dito que o povo romano triunfou sobre outros na disputa pelo império do mundo e que tal vitória obteve mercê da vontade divina, valendo dizer que alcançou-a com legitimidade.

---

[79] Virgílio, *Eneida*, I, 234 e segs.
[80] Lucano, *Farsalia*, I, 109.
[81] Boécio, (Anícius Manlius Torquatus Severinus, poeta, estadista e filósofo; Roma: 470-525. Autor de vários tratados de filosofia peripatética. Sua obra principal é *Consolação Filosófica*, escrita no cárcere imperial, enquanto aguardava sua execução capital em seguida à condenação injusta). O trecho invocado por Dante, da *Consolação...* é II, metr. 6, 8 e segs.
[82] São Lucas, *Evangelho*, II, 1.

IX.X.XI. AQUILO QUE SE ADQUIRE POR DUELO, ADQUIRE-SE LEGITIMAMENTE

IX. Ao falecer o juízo humano, ou por sepulto nas trevas da ignorância ou por não haver magistrado que o ordene; a fim de que o direito não seja de todo escorraçado deve-se recorrer Àquele que amou tanto a natureza humana a ponto de, morrendo por ela, com Seu sangue suprir o que a ela fazia falta. Com acerto o salmista cantou[83]: "O Senhor é justo, Ele ama a Justiça".

O conceito melhormente recebe aplicação quando os contendentes, nem por ódio nem por amor, mas empregando todas as forças do corpo e da alma e de comum acordo apelam para o juízo divino. É a este confronto, o mais primitivo entre homem e homem, que chamam duelo.

Haja, contudo, prudência no agir. Relativamente às causas que levam à guerra, empreguem-se todos os meios dissuasórios antes de passar ao combate. Tal é o proceder recomendado por Túlio Cícero e por Vegécius[84]; este, na *Arte Militar,* e aquele, no *Dos Ofícios.*

Assim como em Medicina deve-se praticar os mais diversos recursos antes de, em caso extremo, o ferro e o fogo; também antes de recorrer ao duelo sejam considerados todos os processos pacíficos para dirimir as contendas. Aceite-se o duelo apenas quando não haja outro método para alcançar justiça.

Duas são as espécies de duelos. De uma, falamos; da outra, falaremos. Esta é a do duelo ao qual se lançam os contendores

---

[83] *Salmos*, X, 7.
[84] Flavius *Vegécius* Renatus, escritor latino de Constantinopla, ao tempo de Valentiniano II. Sua obra principal, de alto conceito até o fim da Idade Média, foi *De Re Militare*, da qual, nesta passagem, Dante cita o III, 9.

sem ódio nem amor, animados tão-somente pelo apego à justiça e acordados em buscá-la. Considerando tal circunstância, com acerto asseverou Túlio[85]: "as guerras pelo império do mundo resultam menos cruéis".

Sigamos: se as regras adequadas aos duelos forem observadas, e sem isto já não se trataria de duelo, resulta fácil aceitar-se haver sido o desejo de fazer manifesta a justiça o que reuniu os duelistas, nisto concordes se congregados em nome de Deus. E se for assim, Deus estará entre eles conforme a promessa explícita do Evangelho[86]. E estando Deus presente não é lícito pretender que a justiça não o esteja, pois Ele tem-lhe amor sobre tudo o mais. Portanto, se a justiça ao duelo não pode estar ausente, aquilo que se adquire por duelo, adquire-se legitimamente.

Já os pagãos, antes do anúncio do Evangelho, conheciam tal verdade; daí o buscarem o juízo na sorte do duelo. Agiu corretamente Pirro, homem generoso, seja pela formação seja pelo sangue herdado a Aquiles, ao responder aos embaixadores romanos encarregados de negociar o resgate de prisioneiros.: "Não quero ouro, nem me pagareis resgate; não sou aproveitador das guerras; mas, sim, faço a guerra por razões de honra. Com o ferro e não com ouro, combateremos. Ele revelará quem a Fortuna deseja venha a reinar. Respeitarei aqueles a quem a sorte do combate respeitou. Levai os prisioneiros, vô-los concedo"[87].

Aquela a quem Pirro chamou Fortuna, nós, mais avisadamente chamamos Divina Providência. Guardem-se pois os duelistas de elegerem o saque por seu objetivo, porquanto, assim, o combate já não seria duelo e sim mercado de sangue e prática

---

[85] Marco Túlio Cícero, *Dos Ofícios*, I, 12.
[86] São Mateus, *Evangelho*, XVIII, 20: "Porque onde se acham dois ou três congregados em meu nome, aí estou eu no meio deles".
[87] Citação que Cícero – *Dos Ofícios*, I, 12-38, faz de Ênio, *Ann.*, VI.

de injustiça. Então, Deus deixaria de ser o árbitro para atuar como aquele primitivo inimigo do homem, ativo promotor de discórdia. Tenham pois os combatentes sempre diante dos olhos, se quiserem ser tidos por duelistas e não por mercadores de sangue e fautores de injustiça, o exemplo de Pirro que lutando pelo império, desprezava o ouro.

Se alguém, alegando disparidade de forças, argumentar em contrário, seja-lhe recordado o triunfo de Davi sobre Golias. E se pagãos reclamassem contra o exemplo lembrado, invoque-se a vitória de Hércules sobre Anteu. É estultície admitir que as forças animadas por Deus possam vir a ser inferiores àquelas que por si têm apenas a fortuna.

Resulta, portanto, estabelecido que legitimamente se adquire aquilo que se adquire em duelo.

X. O povo romano conquistou o império em duelo, o que se prova com testemunhos dignos de fé. O estudo dos mesmos convencerá de que não apenas a conquista premiou o resultado de um duelo como também de que o duelo decidiu todos os conflitos surgidos após a formação do império. Ainda na origem, quando a disputa centrou-se em Enéias, pai do povo romano, e Turno, rei dos rútulos, acordaram ambos em duelar singularmente, a fim de estabelecer, pelo resultado da liça, a vontade divina. Dessa pugna é que Virgílio trata no último canto da *Eneida* narrando que findo o combate, foi tamanha a clemência de Enéias vencedor, que ao vencido teria concedido a vida e a paz se não se apercebesse de que Turno servira-se do escudo tomado a Palante depois de tê-lo morto[88].

---

[88] Turno pretendera a mão de Lavínia, filha do rei Latino. Este, porém, elegeu a Enéias para genro. Turno provoca a guerra, matando Palante, filho dileto do Rei Evandro, aliado dos troianos, passando a exibir o escudo do morto como troféu de vitória. É o que o perde pois Enéias, vencedor no combate singular entre ambos, faz assim terminar a *Eneida*: "Pois das mãos me hás de escapar levando despojos dos meus? Neste golpe é Palante quem te imola e em teu sangue se vinga. E, impetuoso, embebe a espada no peito do inimigo".

Da raiz troiana resultaram dois povos: o romano e o albano, os quais, entre si longamente contenderam a posse da insígnia da águia, o culto do deuses troianos e a supremacia que é o império. Por fim, consentindo as partes em tentar solução singular, três irmãos Horácios e três irmãos Curiácios foram eleitos para em combate, na presença dos reis e dos povos, decidirem a longa disputa. Morreram na luta os três combatentes albanos e dois dos romanos, pelo que a vitória foi atribuída a estes, então sob o Rei Hostílio. O sucesso foi minudentemente tratado por Tito Lívio[89] no primeiro dos seus livros, sendo que Orósio[90] dele cuidou também.

Lívio descreveu-nos mais como os romanos, continuamente obedientes às leis da guerra, combateram os vizinhos latinos e sanitas. Estas lutas, se bem que empenhando copiosas multidões, consistiram sempre em duelo. Lucano[91] nos assegura, a tal propósito, em seu segundo livro, que durante a campanha contra os sanitas, os romanos quase se arrependeram de havê-la principiado. Disse-o assim: "Quantas filas abatidas juntaram-se diante da Porta Colina naqueles dias em que a capital do mundo e a potência soberana quase mudam de sede, passando de romanas a sabinas"[92].

Logo depois de cessadas as contendas entre os povos itálicos, os gregos e africanos, cujas pretensões ao domínio do mundo não haviam sido até então ajuizadas pelos deuses, opuseram-se aos romanos, com exércitos numerosos. De-

---

[89] Tito Lívio, I, 25.
[90] Orósio, *Histórias*, II, 4.
[91] Lucano, *Farsalia*, II, 135.
[92] Ficino traduziu o texto: "Quante schiere sparse condusse la Porta Collina" segundo o entendimento corrente ao seu tempo: o comprimir-se junto da porta, da multidão fugida ao avanço dos sabinos. A desolação, pois, no mundo romano. Modernamente, o entendimento preferido é o de elevado número de mortos junto da porta desesperadamente defendida.

ram-se combate, Fabrício pelos romanos e Pirro pelos gregos, cabendo a vitória a Roma. Em seguida, na África, defrontaram-se Cipião pelos itálicos e Aníbal pelos africanos e conforme o resultado desta espécie de duelo a África passou a obedecer à Itália, de acordo com o narrar de Lívio e de outros historiadores.

Depois do exposto, haverá mente tão cerrada à razão que não reconheça haver sido por duelo que o glorioso povo romano conquistou o império universal? Bem pode o cidadão de Roma repetir a seu respeito quanto São Paulo escreveu a Timóteo[93]: "Está-me reservada a coroa da justiça", sendo que ele a entendia concedida pela providência divina. Observem pois estes juristas presunçosos[94] quão desfocadamente se colocam em relação ao espelho da razão no qual a mente divisa os princípios da justiça; que se calem e se restrinjam a opinar e a julgar segundo o correto sentido da lei.

De tudo, pois, resulta manifesto que o povo romano conquistou o império pela via do duelo, vale dizer – legitimamente. Prová-lo, é o propósito principal deste livro. Até aqui demonstramos tal verdade seguindo argumentos racionais. A seguir, prová-la-emos, servindo-nos dos princípios da fé cristã.

XI. Furiosos e insensatos, alguns que se têm custódios da fé Cristã, atiram-se contra a primazia romana.

Esses, na verdade não tiveram misericórdia em relação aos pobres em Cristo, os quais, além de fraudeados na sua parte dos proventos das igrejas, vêem solapado continuamente o patrimônio delas. A Igreja resulta sempre mais pobre por causa dos que propalam pugnar pela justiça mas que, efetivamente, não a respeitam.

---

[93] São Paulo, *Segunda Epístola a Timóteo*, IV, 8.
[94] *Juristas Presunçosos*: invectiva dirigida por Dante aos conselheiros do rei francês Roberto de Anjou, de Nápoles, o qual recusava-se a reconhecer a autoridade imperial e Henrique VII.

Certamente, tal empobrecimento não ocorre sem o juízo de Deus. Aqueles pobres aos quais os bens eclesiásticos cabem como patrimônio, deixam de ser assistidos; e os favores concedidos pelo Império não são recebidos com gratidão. Voltem pois à origem, eis que cedidos com generosidade, maliciosamente é que produzem, porquanto, doados para o bem maldosamente é que foram mantidos. O que importa tudo isso a tais pastores? Como aceitar que aumentem os bens daqueles que lhes são próximos na proporção em que fazem diminuir os da Igreja?

Mas, para nós, será melhor continuar em nossa propósito e a respeito dos bens da Igreja esperar em silêncio piedoso o socorro a ser trazido pelo Salvador.

Afirmo, em seguimento, que se o Império Romano não foi implantado com justiça, pode-se presumir injusto o natal de Cristo. A segunda parte desta afirmação é falsa; portanto, a contraditória da primeira parte é verdadeira. É acente que as proporções contraditórias guardam a propriedade de que sendo uma falsa, será verdadeira a outra. E que seja falso o presumir-se injusto o natal de Cristo, não é preciso explicar aos fiéis; porquanto se o homem é fiel, logo admite tal falsidade; se não a admite de imediato, não é fiel e se não é fiel, não há porque propor-lhe tal raciocínio. Do exposto, o conseqüente é: – aquele que com boa disposição acata uma ordem, assim procedendo testemunha a legitimidade da ordem e como as ações resultam mais persuasivas do que as palavras – afirmou-o Aristóteles[95] na *Ética* – tal proceder supera em poder de convicção aqueloutro procurado com um sermão.

---

[95] Aristóteles, *Ética a Nicômaco*, X, 1.

Cristo, porém – é o evangelista Lucas[96] a dizê-lo –, desejou nascer da Virgem Mãe, obediente ao édito de Autoridade romana, para que, em conseqüência, no censo de todo o gênero humano, o Filho de Deus feito homem fosse devidamente inscrito como homem, legitimando com isso o édito do censo. Piedosamente pode-se acreditar tal édito disposição do querer divino, sendo César instrumento. Graças a ele, Aquele que os homens esperaram por séculos, inscreveu-se, ele próprio, no rol dos homens. Com esse atuar, Cristo afirmou a legitimidade do édito do imperador romano. E porque o édito legítimo legitima a jurisdição, Cristo assegurou que sendo legítimo o édito, resultava legítima a jurisdição romana, a qual, legítima não fosse, justa não seria.

De notar-se que o argumento alinhado para combater o conseqüente, embora válido por si, mais vale pela força da segunda figura; com o que nos é lícito reduzi-lo assim: a causa injusta injustamente é que persuade. Cristo jamais persuadiu injustamente. Conseqüentemente, nada persuadiu que fosse injusto. (Pela posição do antecedente argumentar-se-ia: toda causa injusta é persuadida injustamente: Cristo persuadiu causa injusta; logo, persuadiu injustamente.)

---

[96] São Lucas, *Evangelho*, II, 1: "E, naqueles dias, saiu um édito de César Augusto, para que se fizesse o recenseamento de todo o mundo. E José foi (...) para se recensear juntamente com Maria, sua esposa, que estava grávida". Neste seu trabalho, são duas as vezes em que Dante se volta para a importância do édito imperial do recenseamento universal (ver Cap. VIII, Livro II). Refere-se a ele também em *Epístola* VII, 14.

XII. SE O IMPÉRIO ROMANO NÃO FOI LEGÍTIMO, O PECADO DE ADÃO NÃO FOI RESGATADO POR CRISTO

O conseqüente da afirmação supra é falso; verdadeira é a contraditória do antecedente. A falsidade do conseqüente assim é patenteada: havendo o pecado de Adão tornado pecadores a todos nós, segundo o dizer de São Paulo[97]: "Portanto, assim como por um só homem entrou o pecado neste mundo, e pelo pecado a morte, e assim passou a morte a todos os homens (por aquele homem) no qual todos pecaram", se daquele pecado não houvesse a morte de Cristo dado satisfações, seguiríamos sendo filhos da ira em decorrência da nossa natureza pecadora.

Mas tal não se dá, como assegurou o Apóstolo aos efésios, tratando do Pai[98]: "O qual nos predestinou para sermos seus filhos adotivos por (meio de) Jesus Cristo para sua glória, por sua livre vontade, para fazer brilhar a glória da sua graça, pela qual nos tornou agradáveis (a seus olhos) em seu amado Filho. É nele que temos a redenção pelo seu sangue, a remissão dos pecados, segundo as riquezas da sua graça a qual derramou abundantemente sobre nós". Cristo mesmo, em sua paixão expiadora, disse, conforme lemos em São João[99]: "Tudo está consumado", o que significa nada restar por fazer pois tudo está realizado.

Ora, para bom proveito do exposto convém ter presente que a punição não é somente pena imposta ao que injuria mas pena imposta por quem possui jurisdição suficiente para impô-la. Decorre que se pena não for aplicada por juiz com jurisdi-

---

[97] São Paulo, *Epístola aos Romanos*, V. 12.
[98] São Paulo, *Epístola aos Efésios*, I, 5-8.
[99] São João, *Evangelho*, XIX, 30.

ção suficiente, não será pena e sim agravo. Daí o haver podido um culpado inquerir Moisés[100]: "Quem te constituiu juiz sobre nós?"

Portanto, se Cristo não houvesse sofrido sob sentença de juiz competente, aquela pena não teria sido punição. E, então, juiz competente somente poderia ser aquele que dispusesse de jurisdição sobre todo o gênero humano, de vez que em Cristo era punido o inteiro gênero humano, pois como afirmou o profeta Isaias[101]: na sua carne Cristo "carregou com as nossas dores". E Tibério César, de quem Pôncio Pilatos era vigário, não teria jurisdição sobre o gênero humano não fosse legítimo o Império Romano. Desta legitimidade decorre que Herodes, embora não alcançando a importância do que fazia – o que também ocorreu com Caifás – acionado por deliberação celeste enviou Cristo ao julgamento de Pilatos, como diz Lucas no seu Evangelho[102]. Herodes não era representante de Tibério César sob o signo da águia, nem o era do Senado e sim era rei de reino singular, por ele ordenado e singularmente governado.

Calem portanto suas injúrias contra o Império Romano aqueles que fingem ser filhos da Igreja. Atentem para o fato de que Cristo, esposo da Igreja, confirmou o Império nos dois extremos da sua existência terrena.

Estimo, pois, ter suficientemente evidenciado haver sido com perfeita legitimidade que o povo romano conquistou o império.

---

[100] *Êxodo,* II, 14: "... tendo saído no dia seguinte, viu dois hebreus rixando, e disse ao que fazia injúria: Por que feres o teu próximo? E ele respondeu: Quem te...".
[101] *Livro do Profeta Isaías,* LIII, 4.
[102] São Lucas: *Evangelho,* XXIII, 2.

Ó povo feliz! Ó gloriosa Itália! Ainda mais feliz terias sido se jamais houvesse nascido aquele que dividiu o Império; ou melhor, se a sua pia intenção não o houvesse induzido ao erro[103].

---

[103] "... aquele que..."; Constantino, imperador. O erro a que, segundo Dante, teria sido induzido por "sua pia intenção" seria a doação (sobre a qual, ainda hoje, há dúvidas) de terras imperiais para a constituição do patrimônio da Igreja, origem do poder temporal do papa.

Livro Terceiro

A AUTORIDADE DO MONARCA, OU SEJA, DO IMPÉRIO, EMANA DIRETAMENTE DE DEUS

I. PROÊMIO

"O meu Deus enviou seu anjo e fechou as bocas dos leões, e eles não me fizeram mal algum, porque foi achado em mim justiça diante d'Ele"[1].

Este trabalho foi concebido com o propósito de elucidar três questões. As duas primeiras, creio tê-las esclarecido suficientemente nos livros precedentes. Neste, farei o mesmo para com a terceira. Mas a comprovação em causa não se fará sem provocar irritação e vergonha em algumas pessoas, o que suscitará a indignação das mesmas contra mim. Porém, estando em discussão a verdade, considerada em seu trono imutável, a respeito da qual, Salomão, na abertura dos Provérbios[2] recomenda devoção ao passo que aversão ao ímpio que a despreze[3]; e ainda porque Aristóteles, preceptor dos bons costumes, nos solicita a sobrepô-la até às opiniões pessoais; eu, fortalecido pelas palavras do Profeta Daniel nas quais a divina potência é chamada escudo do defensor da verdade e dos que por ela são defendidos; cingindo-me da "couraça da fé" conforme a expressão de Paulo[4], ardendo

---

[1] Do *Livro do Profeta Daniel*, VI, 22. Abrindo o terceiro livro, a citação é tida como ataque dirigido por Dante aos conselheiros dos Reis Filipe e Roberto.
[2] *Provérbios*: O primeiro dos cinco livros bíblicos chamados Sapienciais. Coletânea de sentenças morais, assinado por Salomão, rei e sábio.
[3] Observam alguns comentadores que Ficino evitou o *in se facturo* do texto dantesco, o qual poderia entender-se como referente a Salomão (como ele demonstrará com o próprio exemplo), escrevendo em lugar: "detestare la tirannide".
[4] São Paulo, *Primeira Epístola aos Tessalonissenses*, V. 8; "... sejamos sóbrios, estando revestidos da couraça da fé".

daquele fogo que um serafim buscou ao altar celeste para tocar com ele os lábios de Isaías, entrarei na batalha pleno de confiança e apoiando-me ao braço d'Aquele que com seu sangue libertou-nos do poder das trevas. Combaterei, à vista do mundo, o ímpio e o mentiroso. Sob o seu amparo, nada recearei, atento ao que foi dito, pela boca de Davi[5] por aquele espírito coeterno ao Pai e ao Filho: "A memória do justo será eterna; não temerá ouvir notícias funestas".

Comecemos, pois: a questão sob análise diz respeito a dois grandes luzeiros: o Príncipe Romano e o Pontífice Romano. O que buscarei definir é se a autoridade do monarca romano, o qual é legítimo soberano do mundo conforme provado no livro segundo, emana diretamente de Deus ou por intermédio de vigário ou de ministro de Deus, o qual, entendo, só pode ser o sucessor de Pedro, legítimo detentor das chaves do reino celeste.

II. DEUS NÃO DESEJA AQUILO QUE CONTRARIA A NATUREZA

Assim como para resolver as questões anteriormente propostas, adotaremos o método de evocar um princípio de cujas virtudes serão retirados os argumentos que estabeleçam a

---

[5] Davi, *Salmos*, CXI, 7. O tema da verdade a todo custo é grato ao Poeta. Aborda-o também na *Divina Comédia*, Paraíso, XVII, 128 e seguintes: "As consciências entenebrecidas por vergonha própria ou em função de pecado alheio, sentir-se-ão ofendidas pelo teu versejar ousado. Mas não hesites, deves repelir toda mentira, toda omissão; expõe abertamente teu pensamento; deixa que se coce quem levar sarna consigo! Teu dizer poderá ser molesto no primeiro momento; porém, quando for bem compreendido há de produzir resultados salutares".

verdade procurada. Sem um princípio firme é infrutífera a procura, ainda quando se tenha em pró a verdade, porquanto somente um tal princípio fornece base para que a verdade resplandeça.

Estabelecida fica pois, como princípio, esta afirmativa inconfutável: Deus não deseja aquilo que contraria a natureza. Não verdadeira tal afirmação, não seria falsa, como é, a sua contraditória: Deus quer o que contraria a natureza. E se o princípio não é falso, falso não são também as conseqüências dele decorrentes; pois em relação às conseqüências necessárias é impossível ser falso o conseqüente não sendo falso o antecedente.

O não optar por uma das alternativas impõe o querer ou o não querer assim como o não odiar impõe o amar ou o não amar; dado que não amar não é o mesmo que odiar; nem a falta de um querer é o mesmo que o não querer; sendo tudo isso claramente manifesto. Se tais premissas não são falsas, igualmente não será falsa a seguinte: Deus quer o que não quer; proposição cuja falsidade supera todas as falsidades.

Dou por bem provado o que acima se declarou como princípio: é manifesto querer Deus o fim da natureza, porquanto se assim não fosse o céu mover-se-ia sem um fim, afirmativa que, simplesmente, não pode ser feita. Se Deus quisesse o impedimento do fim da natureza, quereria ainda o fim do impedimento pois que de outra forma quereria em vão. E porque o fim do impedimento é o não existir da coisa impedida, Deus quereria o não existir do fim da natureza, o qual, sabe-se, Deus quer. Ainda: se Deus se abstivesse de querer o impedimento do fim, não curaria de que o impedimento existisse ou não. Quem não se ocupa do impedimento, não se ocupa com a coisa impedida; conseqüentemente, não a tem no querer e quem não tem uma coisa no querer, não a quer. Portanto, se o fim da natureza pode ser impedido segue-se necessariamente que Deus não quer o fim da natureza, voltando-se, pois, ao impasse: Deus querer o que não quer. Resulta pois ser verdadeiro o princípio de cuja contraditória tantos absurdos derivaram.

III. TRÊS CATEGORIAS DE HOMENS FAZEM OPOSIÇÃO AO ESTABELECIMENTO DA VERDADE QUE VIMOS PROCURANDO, OU SEJA: QUE A AUTORIDADE DO IMPÉRIO PROMANA DIRETAMENTE DE DEUS, SEM INTERMEDIÁRIOS, E SÃO ESTAS AQUELAS CATEGORIAS: O PAPA[6] E OUTROS PASTORES, NA PRIMEIRA; SACERDOTES E RELIGIOSOS PRESUNÇOSOS, IGNORANTES E CUPIDOS, NA SEGUNDA; E OS CHAMADOS DECRETALISTAS, IGNAROS DE TEOLOGIA E DE FILOSOFIA, NA TERCEIRA

Convirá observar, ao abrirmos a análise da terceira questão, que a primeira[7] cuidaria mais de eliminar a ignorância do que de vencer a pendência. Da segunda[8], diga-se que a verdade procurada relaciona-se também com a ignorância e com a disposição de litigar. Efetivamente, muitas são as coisas que desconhecemos, o que não será motivo para querelas, pois

---

[6] Era papa, então, Clemente V (no século, Bertrand du Got), com sede em Avinhão. Por sua docilidade às imposições do rei francês Filipe, o Belo, ganhara a antipatia de Dante.

[7] Primeira questão: a monarquia universal é necessária ao bem-estar do mundo.

[8] Segunda questão: foi legitimamente que o povo romano conquistou o império universal.

assim como o geômetra ignora a quadratura do círculo e por isso não promove contendas, o teólogo desconhece a quantidade dos anjos e de tal não faz razão de rixa e o egípcio nada sabe a respeito da cultura dos citas, o que não o induz à altercação.

Porém, a verdade que intentamos estabelecer nesta terceira questão[9], verdadeiramente é litigiosa. Acontece, comumente, que em diversas matérias, a ignorância é causa de litígios. No item que vamos debater, as discussões é que são causa da ignorância.

Com freqüência sucede aos homens para os quais a vontade prevalece sobre a inteligência, que uma vez dispostos ao mal apaga-se-lhes a luz da razão, deixando-se eles governar pela paixão, quais cegos da pior espécie de cegueira, aquela que a si mesma nega. Ocorre às vezes outra conseqüência: a falsidade não somente é aceita por verdade mas, ainda, deixando o seu campo, invade o alheio. Com isso, tais homens não mais compreendem nem se fazem compreender, provocando em alguns a ira; em outros, o desprezo e em terceiros, o riso.

Consideremos agora as três categorias de homens que maximamente fazem oposição à verdade que procuramos estabelecer. O Sumo Pontífice, vigário de Cristo e sucessor de Pedro, ao qual devemos não o devido a Cristo mas o devido a Pedro, insurge-se contra nós, talvez pelo zelo que lhe incumbe cultivar em relação às chaves. Outros pastores do rebanho cristão opõem-se igualmente e alguns homens os acompanham, creio eu que movidos também por zelo, conforme anotei acima e não por soberba. Há os que toldados por obstinada cupidez e tendo por pai ao demônio dizem-se filhos da Igreja[10] quando na verdade

---

[9] Terceira questão: relacionamento entre os poderes temporal e espiritual.
[10] Alusão aos reis e príncipes adversos ao Império e que usavam proclamar-se Filhos da Igreja. Em *Monarquia*, II, 1, Dante fustigava já esses adversários: "... ao constatar, pesaroso, que reis e príncipes acumpliciavam-se em objetivo iníquo: o de contrapor-se ao seu senhor, o ungido Príncipe Romano".

são os suscitadores de quisilias não somente no referente à questão ora discutida, pois chegam a abominar até mesmo o sacratíssimo nome do principado romano, com o que negam as razões desta e das anteriores questões.

Ainda por considerar no rol dos contestadores, os Decretalistas[11] ignorantes em matéria de Teologia e de Filosofia, votados exclusivamente às suas Decretais (as quais, proclamo, merecem alguma consideração), fazem-nas justificativas das suas esperanças, com isso derrogando o prevalecimento do império. Não há como não nos espantarmos das suas pretensões quando afirmo ter ouvido dizer a um deles[12] e dizê-lo enfaticamente serem aquelas Decretais os fundamentos da fé.

Nesta afirmação absurda não podem acreditar os que, acima da constituição decretal da Igreja[13], crêem em Cristo, vindouro ou presente, ou já vindo e por crerem n'Ele esperam por Ele e nesse esperar ardem em caridade e assim ardendo, sem dúvida, fazem-se co-herdeiros d'Ele.

Para que tais criaturas sejam completamente batidas nesta questão, registremos que parte das Escrituras antecedeu a Igreja enquanto que outra parte resultou coetânea dela e mais uma parte lhe é posterior. Ainda: o Antigo e o Novo Testamento precederam a Igreja, "estabelecidos para a Eternida-

---

[11] *Decretalistas*: As Decretais (1ª: decretalis) eram cartas pontifícias emitidas para dirimir, em definitivo, quaisquer disputas religiosas. Não confundi-las com as chamadas *Falsas Decretais*, forjadas por Isidoro Mercator e atribuídas a papas anteriores a Sirício (ano 384). Nem com a coleção de cartas dos primeiros papas, reunidas sob o nome *Decretais*.
[12] Não se conseguiu a identificação do acusado decretalista.
[13] Vale dizer: antes do constituir-se da tradição eclesiástica. Os estudiosos atribuem valor particular a esta declaração de Dante, admitindo que ela define o seu posicionamento no tocante ao relacionar-se com a autoridade eclesial.

de" no dizer do profeta[14], sendo isto, aliás, o que diz a Igreja ao seu Esposo: "Leva-me após de ti"[15].

Coetâneos da Igreja são os veneráveis Concílios fundamentais. Que Cristo deles participou, fiel algum duvida desde que se recorde haver Ele dito aos seus discípulos, quando subia ao céu: "eis que estou convosco todos os dias até a consumação dos séculos", conforme o testemunho de Mateus[16]. Quem põe em dúvida que coetâneos são os escritos dos Doutores, de Agostinho e de outros, inspirados que foram pelo Espírito Santo? Duvidariam dessa inspiração somente aqueles que não se apercebessem dos seus frutos ou que, tendo-os percebido, deles não houvessem provado.

Posteriores à Igreja são as Decretais, tradições que embora veneráveis pela autoridade apostólica, somente podem ser pospostas às Escrituras, estas sim, fundamento da Fé, tendo Cristo censurado os sacerdotes que assim não entenderam, argüindo-O: "Por que violam os teus discípulos a tradição dos antigos?" (Referiam-se a não observarem os discípulos o ritual da lavagem das mãos antes de comer o pão). Respondeu Cristo, de acordo com o registro de Mateus[17]: "E vós também por que transgredis o mandamento de Deus por causa da vossa tradição?". Com essas palavras afirmava taxativamente a secundariedade da tradição. Se as tradições da Igreja são a ela posteriores, a autoridade da Igreja não deriva das tradições mas, ao contrário, estas é que retiram daquela a importância com que se exornam. Portanto, os que se apóiam apenas nas tradições, sejam, como já o disse, afastados desta discussão pois todos quantos procu-

---

[14] Davi, *Salmos*: CX, 9: "Enviou a redenção ao seu povo; estabeleceu para sempre a sua aliança".
[15] Salomão, *Cântico dos Cânticos*, I, 3.
[16] São Mateus, *Evangelho*, XXVIII, 20.
[17] São Mateus, *Evangelho*, XV, 3.

ram a verdade que vamos buscando devem guiar-se por aquilo de que deriva a autoridade da Igreja.

Feita a exclusão referida, incumbe remover também deste campo de combate os que cobertos com penas de corvo vangloriam-se de ser ovelhas brancas no rebanho do Senhor. Na verdade, são filhos da iniqüidade, tanto que para mais completamente saciar seus vícios prostituem a mãe, expulsam os irmãos e até não admitem o serem reprovados por tais cometimentos[18]. Como debater com tal gente, a qual, cegada pela cupidez recusa seguir os retos princípios?

Portanto, debateremos exclusivamente com aqueles que, embora animados de zelo verdadeiro para com nossa mãe a Igreja, não conhecem a verdade que buscamos proclamar. Com esses, abro neste livro a batalha "pela salvação da verdade". Faço-o com a reverência que o bom filho soe adotar em relação ao pai; reverente igualmente ante a mãe, diante de Cristo, da Igreja e do Pastor e de todos quantos professam a religião cristã.

IV. REFUTAM-SE OPINIÕES COM AS QUAIS CERTA GENTE CONTESTA A AUTORIDADE DO IMPÉRIO

Aqueles contra quem argumentamos usam afirmar que a autoridade do Império depende da autoridade da Igreja, assim mesmo como o executor de uma obra depende do que a con-

---

[18] "... filhos da iniqüidade... prostituem... expulsam... não admitem..." invectiva do autor contra os que acusava de se beneficiarem de cargos eclesiásticos para o exercício de atividade temporal, política e econômica, esta carregada de cupidez e de avarícia.

cebeu. Afirmam-no, invocando trechos buscados às Escrituras e ditames baixados pelo Pontífice e também pelo Imperador, com os quais acreditam imprimir veracidade à sua tese.

Começam por afirmar, apoiados no Livro do *Gênesis*[19], haver Deus criado dois grandes lumes, maior um, menor o outro, confiando àquele a custódia do dia e a este a da noite; emprestando-lhes a alegoria de caber ao primeiro a regência do espiritual e ao segundo a do temporal. Eis o seu argumentar: tal qual a Lua, o menor dos lumes, que não tendo luz própria receba-a do Sol, também o poder temporal não dispõe de mais poder de quanto poder receba do espiritual.

Para contestar este e outros dos seus raciocínios, poderemos com o Aristóteles dos *Argumentos Sofísticos*[20] que a "ruína de argumento é a manifestação do erro". E porque o erro pode residir ou na matéria ou no argumentar, por duas formas pode-se incorrer no erro: proclamando o falso ou argumentando sem razão. Aristóteles reprovava ambas as formas ao afirmar a Parmênides e a Melisso[21]: "Estes aceitam o falso sem argumentar contra ele". À expressão *falso* atribuo o sentido mais lato, até o inopinável que em matéria provável pode vir a equivaler a falso. Se porém o erro imiscui-se na forma, o falso da conclusão resulta patenteado pelo lógico com a revelação de que as regras do silogismo não foram observadas. Mas se o erro estiver contido na matéria, sucederá que ou o fato referi-

---

[19] Livro do *Gênesis*: I, 14: "Sejam feitos luzeiros no firmamento do céu, e separem o dia da noite".

[20] Aristóteles: *Dos Argumentos Sofísticos*, II, 3.

[21] Parmênides e Melisso, cf. Aristóteles, Física: II, 5. Filósofos, cujas teorias foram refutadas por Aristóteles. Dante insiste contra ambos (e mais Brisso) na *Divina Comédia*, Paraíso, XIII, 124 e segs.: "com maior dano volta da procura da verdade aquele que não se preparou para encontrá-la. Excelente prova disso deram ao mundo Parmênides, Melisso...".

do é falso no todo ou o é em parte. Se falso no todo, deve simplesmente ser negado no todo. Se em parte, cabe distinção.

Isto anotado, considere-se, para melhor compreensão do raciocínio a seguir, que no relativo ao sentido místico são dois os modos de produzir-se o erro: procurando-o onde não está ou reconhecendo-o diferente do que é. A propósito da primeira hipótese foi que Agostinho afirmou em *A cidade de Deus*[22]: "Não convém conceder significado a todos os fatos referidos; mas por causa dos fatos que significam algo é que são referidos aqueles que nada significam. Só a relha abre a terra; mas para que ela possa fazer tal, são necessárias todas as mais peças do arado". Relativamente ao segundo modo de errar, diz o mesmo no livro *Doutrina Cristã*[23] referindo-se ao que encontra nas Escrituras aquilo que o autor sagrado ali não colocou: "engana-se como o viajor que deixando o caminho certo, depois de muitas voltas atingisse ponto no qual conflui aquele caminho certo". Acrescenta: "convém enfatizar tal fato para que, por costume, não se opte por caminhos errados". Ele aponta ainda a razão pela qual se deve evitar esse processo de interpretação das Escrituras: "A fé será posta em dúvida se a autoridade da Escritura vacilar".

De mim digo que se tais erros se comete por ignorância sejam perdoados depois de reparados, assim como seria de perdoar-se aquele que, nas nuvens receasse encontrar um leão[24]. Mas se o erro for conseqüência de posicionamento malicioso, merecem os que assim procedem aquele tratamento reservado aos tiranos que falseiam as leis, adaptando-as não ao bem público mas ao seu proveito particular. Ó essa extre-

---

[22] Santo Agostinho: *De Civitate Dei*, XVII. É com alguma liberdade que Dante aproveita o texto.
[23] Santo Agostinho: *De Doctrina Christiana*, I, 36.
[24] "... nas nuvens... um leão...". Entenda-se: na forma das nuvens ou no rugir do trovão.

ma celeradez capaz de desvirtuar as intenções do Eterno Espírito, ainda quando cometida em sonho! Não se peca, em tal caso, apenas contra Moisés, Davi, Jó; ou contra Mateus ou contra Paulo, mas sim contra o Espírito Santo que é quem fala neles. Pois se muitos são os transmissores da palavra divina, um e único é quem a dita – Deus – o qual dignou-se de transmitir-nos o seu ensinamento por intermédio de inúmeros intérpretes.

Encerrando a digressão, regresso, para destruí-lo, ao enunciado inicial: os dois lumes representantes de dois poderes. Neles reside a força do argumento a combater. Por duas maneiras pode-se demonstrar que tal proposição é insustentável. Primeiramente, é para notar-se que tais poderes são acidentes em relação ao homem[25], parecendo haver Deus pervertido a ordem da criação ao produzir os acidentes antes do sujeito, o que não se pode afirmar a respeito d'Ele, apesar de que, garantem as Escrituras, tais lumes hajam sido criados no quarto dia e o homem no sexto.

Ademais, os referidos poderes endereçam o homem para fins determinados, conforme em seguida haveremos de considerar e no entanto o homem não necessitaria ser dirigido para fim algum se houvesse perseverado no estado de inocência em que foi criado. Aqueles poderes revigoram o homem enfraquecido pela doença do pecado. E como no quarto dia da criação o homem não só não era pecador como inexistia; criar remédio para assisti-lo, não apenas seria supérfluo como também contrário à divina bondade. Estultice faria o médico que antes do nascimento de um indivíduo receitasse pomada apta a curar ferida ainda por abrir. Não se deve, portanto, dizer que no quarto dia haja Deus criado tais poderes. Conseqüentemente, a intenção de Moisés[26] não terá sido aquela na qual certas criaturas fingem crer. Admitamos discretear a

---

[25] "Acidentes... homem": A essência do homem não resultou modificada pelo que sucedeu no quarto dia.
[26] "...intenção de Moisés...": simbolizar os poderes superiores – Igreja e Império – pelo Sol e pela Lua.

respeito de tal erro, eis que o debatê-lo provará a sua insubsistência. Contestar, argumentando, é usar de amabilidade em relação ao opositor que, assim, não é tratado como mentiroso, o que sucede quando feita a negação radical do afirmado por ele.

De mim, afirmo: é certo não possuir a Lua outra luz se não aquela recebida do Sol, o que não implica aceitar que a Lua exista apenas em função do Sol. Forçoso é reconhecer a existência da Lua como um fato sendo outro fato as suas virtudes e ainda outro o seu operar. No tocante ao existir, ela não depende em nada do Sol. O mesmo se diga no referente às virtudes e ao operar puro e simples; porquanto seu mover-se é devido ao querer do motor superior e a sua influência decorre dos seus mesmos raios. Alguma luz própria ela possui consoante deixa ver por ocasião dos eclipses, embora para fazer operar melhor e mais eficazmente a sua luz, receba ela ajuda do Sol, em forma de luz abundante, graças à qual mais sensivelmente se lhe pode reconhecer a presença e a atuação.

Semelhantemente, afirmo, o poder temporal não recebe daquele espiritual nem o existir, nem os poderes que conformam a sua autoridade; sequer o puro e simples exercer-se. Mas, sim, recebe infusões de graça que ministrada por Deus desde o céu e por meio de bênçãos do pontífice na terra, imprimem maior eficácia ao seu operar. Portanto, o argumento a que nos atemos peca pela forma: o predicado da conclusão não é a extremidade da premissa maior. Aqueles argumentadores a quem contestamos raciocinam assim: a Lua recebe luz do Sol, o qual representa o poder espiritual sendo a Lua o poder temporal; logo, a autoridade do poder temporal provém do poder espiritual. Na maior, situam luz e no predicado da conclusão, a autoridade. E luz e autoridade, conforme vimos, são coisas diferentes, tanto quanto ao sujeito como em referência à razão.

V. LEVI E JUDAS, FILHOS DE JACÓ NÃO REPRESENTAM O PASTOR E O MONARCA

Aqueles a quem contradigo invocam também argumento tirado ao texto de Moisés[27], afirmando que da estirpe de Jacó resultaram os dois poderes: Levi e Judas; sendo o primeiro o pai dos sacerdotes e o segundo, o do poder temporal. Seguem este raciocínio: Igreja e Império estão, entre si, como entre si estiveram Levi e Judas. Levi nasceu antes de Judas – no-lo garante o Livro; logo, a Igreja precede o Império em autoridade.

Trata-se de argumento fácil de confutar. Simplesmente poderia negar aceitação à afirmativa de que Levi e Judas, filhos de Jacó simbolizem os dois poderes. E mais não discutir. Porém, concedamo-lo, para debater. À afirmação de que tal como Levi precedeu a Judas no nascimento, a Igreja precede o Império em autoridade; volto a dizer que um é o predicado na conclusão e outro na extremidade da premissa maior, pois nascimento e autoridade são coisas diferentes no sujeito e na razão, pecando pois o argumento em sua forma. Desenvolve ele um processo semelhante a este: A precede B em C; D está para E assim como A está para B; conseqüentemente D precede E em F; mas F e C são diversos.

Se aqueles disputadores prosseguirem, dizendo ser F conseqüência de C, podendo-se pois afirmar que autoridade é conseqüência de procedência no nascimento, e que pelo antecedente infere-se o conseqüente, (seria como do animal inferir-se o homem) afirmo que todo o raciocínio é falso. Muitos há, de fato, que precedendo no nascimento nenhuma autoridade possuem, sendo mesmo submetidos a outros de nascimento mais recente, conforme freqüentemente é dado observar en-

---

[27] *Livro do Gênesis*, XXIX, 34-35.

tre o clero, em cujo âmbito jovens precedem em autoridade a colegas mais antigos. Assim, a objeção que analisamos carece de força, pois toma por causa o que causa não é.

VI. CONTESTA-SE QUE NAS ESCRITURAS, SAMUEL REPRESENTE O PAPA E SAUL DO IMPERADOR

O primeiro *Livro dos Reis*[28], trechos que referem a nomeação e a deposição de Saul, é também invocado como argumento por aqueles e quem nos opomos. Alegam que Saul, entronizado regularmente, acabou deposto por Samuel que em nome de Deus comandou tais atos. Disso retiram que assim como Samuel, vigário divino, dispôs de autoridade para dar e para retirar o poder temporal e de transferi-lo a outrém; também o presente vigário divino, senhor do governo da Igreja, dispõe de autoridade para conceder, tomar e transferir o cetro do poder temporal. Inferem claramente que da Igreja, portanto, depende o poder do Império.

Contestando a quantos dizem haver sido Samuel vigário de Cristo, afirmamos: não de vigário mais de legado especial foi a atuação de Samuel, executor de mandado específico de Deus. O que assim é afirmado tem sua comprovação no haver Samuel feito e dito apenas quanto lhe fora determinado por Deus. Fique bem claro que uma coisa é ser vigário e outra é ser núncio ou ministro, assim como há diferença entre ser doutor da lei[29] e ser intérprete da lei. É vigário o que recebeu jurisdição com os poderes de fazer as leis e de aplicá-

---

[28] Primeiro *Livro dos Reis*, X, 1 (unção de Saul), XV, 23 (rejeição).
[29] Entenda-se Doutor da Igreja.

las e que nos limites jurisdicionais pode legislar e julgar mesmo sem a aquiescência do superior. O núncio, no entanto, não pode agir assim; pois qual o martelo que age apenas em função do ferreiro, assim o núncio atua dependentemente do arbítrio daquele que o envia. Não se conclua que, se Deus por Samuel fez o que foi feito, o vigário de Deus possa fazer o mesmo. Muitas coisas Deus fez por intermédio dos seus anjos e outras faz e fará que o vigário de Deus, sucessor de Pedro, não pode fazer.

O argumento dos que afirmam o contrário, portanto, toma o todo pela parte, raciocinando por esta forma: o homem pode ver e ouvir; logo, os olhos podem ver e ouvir. Se negativo, tal raciocinar teria validade, assim apresentado: o homem não pode voar; logo, os braços do homem não podem voar. Igualmente, se apresentado assim: Deus não pode fazer por um núncio que as coisas geradas não sejam geradas, conforme o dizer de Agatão[30]; logo, o seu vigário também não pode.

VII. CONTESTA-SE QUE O INCENSO E O OURO OFERTADOS PELOS MAGOS A CRISTO SIGNIFIQUEM, NO PASTOR, O SENHORIO SOBRE OS PODERES TEMPORAL E ESPIRITUAL

Aqueles a quem me oponho vão buscar ao texto de Mateus[31] relativo à oferta dos magos, o argumento de haver Cristo recebido, com o incenso e o ouro, os atributos de senhorio e

---

[30] Agatão, filósofo, citado na *Ética a Nicômaco*, VI, 2. A citação: "Pois somente isto é ao próprio Deus vedado: o fazer não sucedido, o que uma vez aconteceu".
[31] São Mateus: *Evangelho*, II, 1.

de governo sobre o espiritual e o temporal. Inferem ser o vigário de Cristo, senhor e governador dos mesmos poderes e, conseqüentemente, detentor das duas autoridades.

Opondo-me a tal colocação, principio por dizer que aceito a interpretação literal e também a simbólica de Mateus, mas de pleno recuso a inferência que os argumentadores se esforçam por definir. Raciocinam assim: Deus é senhor das coisas temporais e espirituais; o Pontífice é o vigário de Deus; logo é senhor daqueles poderes. As duas premissas resultam verdadeiras mas o termo médio não, resultando o silogismo com quatro termos contrariamente às regras da lógica, de acordo com o demonstrado por Aristóteles em *Do Argumentar*. Uma coisa é *Deus*, sujeito na maior; outra é *Vigário de Cristo*, atributo na menor. Quem por opor-se, afirmar a equivalência do termo vigário, fará oposição descabida porquanto vigário algum, divino ou humano, pode equivaler à autoridade principal; o que se comprova com facilidade. Conhecemos que a autoridade do sucessor de Pedro não se iguala à autoridade divina, pelo menos nos cometimentos da natureza; vale dizer que no exercício das suas funções ele não pode fazer a terra subir e o fogo descer.

Ademais, não lhe poderiam ser atribuídos todos os poderes divino, eis que Deus, de modo algum comunica o poder de criar e de batizar o que sem dificuldade se comprova, embora o mestre das *Sentenças*[32] haja afirmado o contrário em seu livro quarto.

E ainda: estamos cientes de que o vigário de alguém jamais se equivale a esse, enquanto vigário; pois ninguém pode dar aquilo que não possui. A máxima autoridade, somente como usufruto é que pertence ao príncipe e a nenhum príncipe é dado o conceder-se tal autoridade. Pode recebê-la e renunci-

---

[32] Pier Lombardo: *Sententiae*, IV, d. 5. Figura nos versos 106 e 108, canto X, do Paraíso, *Divina Comédia*: "... aquele Pedro que lembrando a viúva da Escritura, ofertou à Igreja o seu tesouro". Grande teólogo, chamado *Magister Sententiarum*.

ar a ela, mas não pode criar outro príncipe, pois a criação de príncipe, do príncipe não depende.

Sendo assim, patenteia-se que príncipe algum poderá fazer-se substituir por um vigário a ele em tudo equivalente, conclusão que prova não possuir qualquer consistência a argumentação em causa.

VIII. O DITO POR CRISTO A PEDRO, CONFORME O EVANGELHO: "TUDO O QUE LIGARES..." NÃO SIGNIFICA QUE O SUCESSOR DE PEDRO, POR CONCESSÃO DIVINA, POSSA ANULAR LEIS E DECRETOS DO IMPÉRIO

Ao citado texto de Mateus vão aqueles discutidores buscar mais um argumento: as palavras de Cristo a Pedro[33]: "tudo o que ligares sobre a terra, será ligado também nos céus; e tudo o que desatares sobre a terra, será desatado também nos céus"; palavras que pretendem aqueles foram dirigidas igualmente aos demais apóstolos de acordo com outro texto de Mateus[34] e um de João[35]. Disso, retiram: por concessão divina, o sucessor de Pedro pode ligar e desligar; inferindo pois o poder de abrogar leis e decretos do império e, logo, o de promulgar leis e baixar decretos para o governo do temporal, estabelecendo-se, pois, a dependência do poder temporal.

A tal afirmação responderemos considerando a premissa maior do silogismo que manejam assim: a Pedro foi dado o poder de

---

[33] São Mateus, *Evangelho*, XVI, 19.
[34] São Mateus, *Evangelho*, XVIII, 18.
[35] São João, *Evangelho*, XX, 23.

ligar e de desligar todas as coisas; logo, o sucessor de Pedro pode desligar e ligar todas as coisas. Concluem caber ao sucessor de Pedro desligar e ligar autoridade e os decretos do império. Concedo a premissa menor, a maior porém, não sem distinção. Tenho para mim que a expressão *todas as coisas* foi empregada no sentido relativo e não no absoluto. Exemplificando: se digo que *todo animal corre*, o todo aplica-se apenas a tudo quanto esteja compreendido no gênero animal. Mas se digo *todo homem corre* esse todo não se refere senão àqueles indivíduos aos quais cabe a designação *homem*. E se digo *todo gramático*, a abrangência do sentido empregado é ainda mais restrita.

Impõe-se, portanto, sempre, a análise daquilo a que se refere o sinal ou expressão; feita a análise, perceber-se-á facilmente a que ela se refere, a extensão e a natureza. Aplicando: quando se diz *tudo o que ligardes*, aceitando a locução *tudo quanto* em sentido absoluto, razão teriam os nossos contendores e então (o sucessor de Pedro) não apenas poderia fazer o que desejam que ele possa fazer como poderia separar a mulher do seu marido e ligá-la a outro estando vivo aquele marido, coisas essas que sabidamente o papa não pode fazer. Poderia, até, absolver pecador não arrependido, o que, nem mesmo a Deus é possível.

Fica evidenciado que a expressão *tudo quanto* não pode ser aceita em sentido absoluto; mas sim no restrito a certa matéria. E esta matéria facilmente se conhece qual seja considerando-se o âmbito a que a expressão se refere. Disse Cristo a Pedro: "Eu te darei as chaves do reino dos céus"; vale dizer: "far-te-ei o porteiro do reino". Acrescentou: "poderás ligar e desligar qualquer coisa", o que se deve entender assim: "poderás ligar e desligar qualquer coisa atinente ao teu ofício". Desse modo, a abrangência de sentido da expressão *tudo quanto* restringe-se àquela correspondente ao ofício de manejar as chaves do reino celeste. Esse considerar leva a admitir que a proposição é verdade, mas não absolutamente verdadeira. Por isso afirmo que embora o sucessor de Pedro, de acordo com os atributos conferidos a Pedro em seu ofício, pode ligar e desligar disto não resulta que possa desligar e ligar os decretos do império, conforme o pretender daqueles a quem enfrentamos. A menos que provem serem tais práticas inerentes ao ofício das chaves. Mas nós, na seqüência, provaremos o contrário.

IX. NEGA-SE QUE AS DUAS ESPADAS REFERIDAS POR PEDRO NO EVANGELHO DE LUCAS SIGNIFIQUEM OS PODERES ESPIRITUAL E TEMPORAL

Invocam também o dito por Pedro a Cristo no Evangelho de Lucas[36]: "Senhor, eis aqui duas espadas", afirmando que tais espadas significam as duas jurisdições e que por haver Pedro afirmado estarem elas onde estivesse ele, deve-se com segurança aceitar que ambas as jurisdições, em termos de autoridade, confluem no sucessor de Pedro.

A essa afirmação responderemos provando o sentido alegórico sobre o qual baseia-se tal argumentar. Afirmam que as espadas mencionadas por Pedro representam as duas jurisdições; afirmativa negada em primeiro porque o dito de Pedro não corresponderia às intenções de Cristo e em segundo porque Pedro, costumeiramente, dava respostas relativas somente à aparência das coisas abordadas.

E que a resposta não se conformava às intenções de Cristo resulta manifesto quando analisamos as palavras preceden-

---

[36] São Lucas, *Evangelho*, XXII, 38.

tes e a razão que as ditou. Atente-se para que foram pronunciadas no dia da Ceia, começando Lucas por este modo a sua narrativa: "E chegou o dia dos ázimos, no qual se devia imolar a Páscoa"[37]. Durante a Ceia, Cristo anunciou a próxima Paixão, a qual impunha a sua separação dos discípulos. Note-se, ademais, que tais palavras foram pronunciadas estando presente todos os discípulos, conforme o escrever de Lucas: "Chegada a hora pôs-se à mesa e os doze discípulos com ele". Prosseguindo o conversar lê-se que Cristo disse: "Quando vos mandei, sem saco, sem bolsa, sem calçado; algo vos faltou?" Responderam: "Nada". Disse-lhes mais: "Agora, quem tiver um saco, tome-o, também a bolsa e o que nada disso possuir, venda a túnica para comprar uma espada". Neste dizer, claramente resulta manifesta a intenção de Cristo. Não disse *comprai ou possui duas espadas*, mas doze; significando: *quem não a tem, compre*. Dizia estas coisas preparando-os para a sua próxima captura e alertando-os contra o desprezo que, em seguida cairia sobre eles. Era como se os advertisse com este falar: "Enquanto permaneci convosco, sereis recebidos; agora sereis repelidos. Convém que vos armeis até mesmo de coisas que antes vos eram vedadas; a necessidade a tal obriga".

Portanto, se o dizer de Pedro tivesse o significado que pretendem emprestar-lhe, seria oposto à intenção de Cristo pelo que, por Cristo teria sido admoestado, o que Cristo fez muitas vezes, quando Pedro inoportunamente se manifestava. Mas assim não agiu Cristo. Ao contrário, concordou, dizendo: "É o bastante", como se dissesse: "falei atendendo à necessidade, mas se cada qual não pode ter a sua espada, duas bastarão".

E que Pedro, segundo costumava, tenha falado conforme as aparências dá prova a sua pronta e inconsiderada presunção, devida, creio, não apenas à sua fé sincera, mas também à pureza e à simplicidade que lhe eram naturais. De tal presunção deram testemunho quantos escreveram sobre Cristo. De fato, Mateus

---

[37] São Lucas, *Evangelho*, XXII, 7.

observou[38] que havendo Jesus perguntado: "E vós quem dizeis que eu sou?"; Pedro, à frente dos mais respondeu: "Tu és o Cristo, Filho de Deus vivo". Escreveu ainda que ao dizer Cristo aos discípulos como devia ir a Jerusalém e padecer muitas dores, Pedro observou-o: "Deus tal não permita, Senhor; não te sucederá isto". Cristo, então, retrucou-lhe: "Retira-te de mim, Satanás". Mateus escreveu também que no monte da transfiguração, presentes Cristo, Moisés, Elias e os dois filhos de Zebedeu; Pedro disse[39]: "Senhor, bom é nós estarmos aqui; se queres, façamos aqui três tabernáculos, um para ti, um para Moisés e um para Elias". Registrou mais que à noite, estando os discípulos em uma barca e Cristo andando sobre as águas, Pedro observou[40]: "Senhor, se és tu, manda-me ir até onde estás por sobre as águas". Narrou também que discorrendo Cristo aos discípulos sobre o escândalo futuro, Pedro exclamou[41]; "Ainda que todos se escandalizem a teu respeito, eu nunca me escandalizarei". E de outra feita afirmou: "Ainda que eu tenha de morrer contigo, não te negarei"; palavras essas confirmadas por Marcos[42]. Lucas também relata que pouco antes da referida frase a propósito das espadas Pedro assegurou a Cristo[43]: "Senhor, eu estou pronto a ir contigo para a prisão e para a morte". João, por sua vez, anotou que pretendendo Cristo lavar os pés de Pedro, este clamou[44]: "Senhor, tu lavar-me os pés?", ajuntando "não me lavarás jamais os pés". É ainda João a narrar haver Pedro ferido com sua espada o servo do pontífi-

---

[38] São Mateus, *Evangelho*, XVI, 15.
[39] São Mateus, *Evangelho*, XVII, 4.
[40] São Mateus, *Evangelho*, XIV, 28. Os discípulos teriam julgado ver um fantasma. Daí, a pergunta de Pedro.
[41] São Mateus, *Evangelho*, XXVI, 35.
[42] São Marcos, *Evangelho*, XIV, 31.
[43] São Lucas, *Evangelho*, XXII, 33.
[44] São João, *Evangelho*, XIII, 8.

ce[45] e nisto concordam os quatro evangelistas. Diz mais João[46] que indo Pedro ao sepulcro, notando que o outro discípulo hesitava, à porta, entrou decididamente. Aduz[47] que depois da ressurreição, à beira-mar, tendo Pedro "ouvido dizer que era o Senhor, cingiu-se com a túnica (porque estava nu), e lançou-se ao mar". Finalmente, diz que tendo Pedro visto a ele, João, perguntou a Jesus[48]: "Senhor, e deste, que será?".

Muito me satisfaz, em louvor à sua pureza, narrar estas coisas relativas ao nosso Pastor; porquanto ao fim delas, resulta evidente que ao falar das espadas, Pedro respondia a Cristo, com a usual ingenuidade. E mais: ainda quando se buscasse sentido oculto nas palavras de Cristo e de Pedro, não seria correto atribuir à palavra espada o sentido que nossos oponentes lhe atribuem, mas sim aquele empregado por Mateus ao escrever[49]: "Não julgueis que vim trazer a paz à terra; não vim trazer a paz, mas a espada. Porque vim separar o filho do seu pai" etc. Coisas essas realizadas pelas palavras e pelas ações, levando Lucas a dizer a Teófilo[50]: "as coisas que Jesus começou a fazer e a ensinar". Espada desse tipo é aquela recomendada por Cristo aos discípulos e que Pedro desejava fosse dupla. Preparavam-se eles, então, para dar cumprimento, com o emprego da palavra e da ação, ao mandado que Cristo afirmara ter vindo realizar com o uso da espada, pelo modo a que acima nos referimos.

---

[45] São João, *Evangelho*, XVIII, 10.
[46] São João, *Evangelho*, XX, 6.
[47] São João, *Evangelho*, XXI, 7.
[48] São João, *Evangelho*, XXI, 21.
[49] São Mateus, *Evangelho*, X, 34.
[50] *Atos dos Apóstolos*, I, 1. "Na primeira narração, ó Teófilo, falei de todas as coisas que..."

X. XI. À DOAÇÃO QUE DE ROMA E DE OUTRAS DIGNIDADES IMPERIAIS CONSTANTINO FEZ AO PAPA SÃO SILVESTRE, FALTOU RAZÃO PARA SER FEITA; PORTANTO, OS SUCESSORES DE SILVESTRE NÃO AS PODEM TRANSMITIR A OUTROS, CONFORME O AFIRMAR DAQUELES A QUEM CONTESTAMOS

X. Afirmam eles que tendo Constantino[51] sido curado de lepra graças a intercessão do Papa Silvestre; fez doação à Igreja, da cidade de Roma, capital do Império e de outras dignidades significativas do poder temporal. Devido ao que, argumentam, a ninguém é lícito revestir-se de tais dignidades se não as receberem pela via da Igreja, à qual pertencem. Seguir-se-ia, segundo tal entendimento, que uma das duas máximas autoridades depende da outra.

Expostos e refutados os argumentos que pareciam tirar razões dos textos sagrados, passemos a expor e a refutar aquelas fundamentadas nas ações dos romanos e na razão humana. O primeiro destes argumentos eles o propõem com um silogismo: o que é da Igreja a ninguém é dado possuir legitimamente senão quando alcançados pela via da Igreja. E, no que existe consenso, o governo dos romanos toca à Igreja; logo, ninguém pode exercê-lo legitimamente se não o receber da Igreja. A premissa menor, querem-na provada com o que foi dito a respeito de Constantino. Rejeito-a e ao dize-

---

[51] Constantino o Grande: fez da Igreja Cristã a religião do Império quando, na batalha final pelo trono, contra Maxêncio, mandou escrever em seu estandarte, o dístico "Com este sinal vencerás", ao redor de uma cruz. Dotou a Igreja de importantes bens materiais e territoriais.

rem-na provada, retruco que nada provam eis que Constantino não podia alienar o Império e a Igreja não podia recebê-lo.

Mas porque os contraditores teimam pertinazmente, eis-me a dar provas de quanto afirmo: a ninguém é lícito exercer cargo no qual está investido, à dano do mesmo cargo, porquanto admitindo lícito este praticar, uma coisa poderia de si mesma ser o contrário, o que é impossível. E dividir o Império, é contrariar o cargo exercido pelo imperador, eis que exercer tal cargo consiste em impor ao gênero humano um querer e um não querer únicos conforme demonstramos no primeiro livro. Resulta pois não ser lícito ao imperador dividir o Império.

Se, como afirmam aqueles, Constantino houvesse alienado dignidades do Império, passando-as ao poder da Igreja, teria sido dividida a túnica inconsútil, ato que não ousaram praticar nem mesmo os que transpassaram com a lança a Cristo, Deus verdadeiro[52]. Ademais, assim como a Igreja tem fundamento próprio, tem-no o Império. O fundamento da Igreja é Cristo. Daí, dizer o Apóstolo aos coríntios[53]: "Porque ninguém pode pôr outro fundamento, senão o que foi posto, que é Jesus Cristo". Ele é a pedra sobre a qual a Igreja foi edificada, enquanto o fundamento do Império é o direito dos homens. A isto acrescento que assim como à Igreja não é permitido atuar contra o seu fundamento, antes cumprindo-lhe ater-se sempre a ele, conforme o asseverar do *Cântico*[54]: "Quem é esta que sobe do deserto inebriada de delícias, apoiada

---

[52] São João, *Evangelho*, XIX narra sobre a túnica, 23: "Os soldados, pois, depois de terem crucificado Jesus, tomaram os seus vestidos (e fizeram deles quatro partes, uma para cada soldado) e a túnica. A túnica, porém, não tinha costura, era toda tecida de alto a baixo. 24: E disseram uns para os outros: Não a rasguemos, mas lancemos sortes sobre ela, para ver a quem tocará...".
[53] São Paulo, *Primeira Epístola aos coríntios*, III, 11.
[54] Salomão, *Cântico dos Cânticos*, VIII, 5.

sobre o seu amado?"; assim também ao Império não é permitida prática alguma contrária ao direito dos homens. E seria contrário ao direito dos homens que o Império a si mesmo destruísse. Conseqüentemente não é permitido ao Império o dividir-se, eis que dividi-lo seria destruí-lo, pois, de fato, o Império consiste na unidade universal da Monarquia. Resulta manifesto, então, não ser lícito ao imperador dividir o Império. E que o dividir o Império contraria o direito humano resultou, acima, claramente comprovado.

Acrescente-se que toda jurisdição antecede ao seu juiz; eis que o juiz é criado para a jurisdição e não contrariamente. O Império é aquela jurisdição que em sua amplitude compreende a inteira jurisdição temporal; donde o Império anteceder em jurisdição ao imperador e não este àquele. Disto deriva não poder o imperador, enquanto tal, dissipar a jurisdição imperial, porquanto é dela que ele recebe a sua autoridade.

Ora, eis o meu argumentar a propósito da questão tratada: ou Constantino era imperador ao tempo em que, dizem, concedeu autoridade à Igreja, ou não era. Se não era, de certo que não poderia dispensar coisa alguma que tocasse ao Império. Se era, não a poderia ter feito, porquanto tal concessão importava em diminuição da autoridade imperial. E mais: se a um imperador fosse lícito alienar parte da jurisdição do Império, qualquer outro imperador poderia igualmente fazê-lo. E sendo a jurisdição temporal coisa finita e sendo a coisa finita consumível por sucessivas divisões finitas; segue-se que a primeira das jurisdições poderia, então, ser aniquilada, o que não é concorde à razão.

Ainda mais: o que pode conferir, tem natureza de agente; aquele a quem algo é conferido tem-na de paciente, de acordo com o ensinar de Aristóteles da *Ética*[55]; e para que o conferir seja

---

[55] Aristóteles: *Ética a Nicômaco*, IV, 1.

lícito não se requer apenas o desejo de quem confere mas também o de quem recebe, dado que o ato do agente só pode cumprir-se legitimamente quando o paciente estiver disposto a recebê-lo. A Igreja, porém, absolutamente não foi disposta para receber bens materiais, estando clara tal inviabilidade no texto de Mateus[56]: "Não queirais possuir ouro, nem prata, nem tragais dinheiro nas vossas cinturas, nem alforje para o caminho" etc. E se bem que Lucas[57] haja amenizado as proibições, o fez menos em relação às coisas antes mencionadas como proibidas do que a outras, não tendo eu localizado permissões, seguidas àquelas proibições, para que a Igreja possua ouro ou prata. Pelo que, se à Igreja não é lícito o receber, ainda quando Constantino pudesse conceder, a doação não seria lícita dada a incapacidade do paciente para recebê-la.

Resulta, portanto, manifesto que a Igreja não poderia tornar-se proprietária com o recebimento de tal doação e nem Constantino poderia concedê-la por alienação. Poderia o imperador, em socorro da Igreja, alienar o próprio patrimônio e outros valores, desde que mantido indiviso o patrimônio superior cuja unidade não pode sofrer divisão. E poderia o vigário de Deus receber valores, não na qualidade de possuidor mas na de dispensador dos frutos de tais valores aos pobres em Cristo, prática essa que, conforme bem sabemos, foi seguida pelos Apóstolos.

XI. Afirmam também que o Papa Adriano pediu socorro a Carlos Magno, para si e para a Igreja, ameaçados que estavam pelos longobardos do Rei Desidério; havendo, por isso, Carlos recebido do papa a dignidade imperial, não obstante Miguel reinasse em Constantinopla[58]. Eis as razões, afirmam, pelas quais todos

---

[56] São Mateus, *Evangelho*, X, 9.
[57] São Lucas, *Evangelho*, IX, 3.
[58] Dois enganos: no ano 800, Irene e não Miguel, imperava em Constantinopla; e Carlos Magno foi coroado imperador pelo Papa Leão III e não por Adriano I.

os que, em seqüência foram imperadores romanos, constituíram-se defensores da Igreja, condição em que podem ser por ela convocados. Desejam, com essa invocação, provar a dependência entre os poderes. Contradizendo-os, afirmo que a citação não aporta valor à tese, eis que a usurpação do direito não cria o direito. Tal ocorresse e com o emprego mesmo dessa aberração provaríamos depender a autoridade da Igreja daquela do imperador desde quando Otão[59] restaurou no sólio o Papa Leão, depondo Benedito e exilando-o para a Saxônia.

XII. A AFIRMAÇÃO DE ARISTÓTELES NO LIVRO X DA METAFÍSICA: "TODAS AS COISAS PERTENCENTES A UM GÊNERO, REDUZEM-SE A UM TIPO, MODELO DE TODAS AS COISAS DO GÊNERO", NÃO PERMITE A CONCLUSÃO DE QUE NO REFERENTE AOS VALORES TEMPORAIS, O IMPERADOR ESTEJA SUBMETIDO AO PAPA

Aquelas mesmas pessoas apelam também para argumentos de razão. Procedem assim ao invocar a afirmação de Aristóteles no Livro X da *Metafísica*[60]: todas as coisas pertencentes a um gênero, reduzem-se a um tipo de coisa, modelo de todas as coisas do gênero. Vão adiante: os homens todos pertencem a um único

---

[59] O Imperador Otão interveio várias vezes no Pontificado romano. Depôs João XII e fez coroar Leão VIII, o qual foi despojado da tiara pelos nobres romanos que a deram de novo a seu favorito João, morto três meses depois e substituído por Benedito V. Otão ocupou Roma com seu exército e reempossou Leão, confinando Benedito na Saxônia.
[60] Aristóteles, *Metafísica*, X, 1.

gênero; portanto, devem subordinar-se a um ser único, o qual será a medida ou o tipo de todos os homens. E sendo homens o sumo pontífice e o imperador, se aquela conclusão fosse correta, deveriam eles ordenar-se por um único homem. E porque o papa não pode ser submetido a outro homem resulta que o imperador, com todos os mais homens terão que submeter-se-lhe, tomando-o qual medida e modelo. Supõem, assim, provada a tese.

Contestando-os, digo ser verdadeira a afirmação de que "os seres pertencentes a um gênero devem ordenar-se conforme um ser pertencente a esse gênero e do qual seja modelo e medida". Também dizem verdade ao afirmar que todos os homens pertencem a um gênero único. Igualmente concluem acertadamente ao assegurar que todos os homens devem se orientar por um homem, o tipo e modelo do gênero. Mas erram ao concluir, depois daquelas verdades proclamadas, que o imperador deve ordenar-se pelo papa.

Para o bom entendimento do que está em debate, seja lembrado que uma coisa é ser papa e outra coisa é ser homem. Igualmente, é diverso o ser homem e ser imperador, assim como é diverso ser homem e ser pai ou senhor. O homem é homem mercê da forma substancial que lhe dá espécie e gênero e o situa na categoria e na substância. O pai, contudo, é pai graças a uma forma acidental: a relação estabelece o pai numa certa espécie e num certo gênero e o situa na categoria da relação. A não ser assim, todas as coisas ordenadas haveriam de reduzir-se a categoria de substância pois forma alguma acidental subsiste por si, sem um sujeito subsistente. E sabe-se ser erro o afirmar que tudo é substância. O papa e o imperador são o que são devido a determinadas relações porquanto papado e império são relações; um, relação da paternidade; outro, relação de domínio. Resulta evidenciado que papa e imperador, enquanto tais, colocam-se sob o predicamento da relação; conseqüentemente, serão ordenados por medida incumbente do gênero.

Do exposto retiro o quanto segue: a relação ou medida pela qual devem ser ordenados enquanto homens é bem outra que aquela pela qual serão ordenados enquanto papa e enquanto imperador. Frise-se: enquanto homens devem ser ordenados pelo tipo ótimo de homem, medida e modelo para todos os mais homens, sendo como deve ser, perfeito em seu gênero conforme se lê no final[61] da *Ética*. Enquanto relativos, ou bem um deve ordenar-se ao outro se houver submissão de um a outro; ou pela natureza da relação pertencem a uma e mesma espécie de relação; ou se reduzem a um terceiro ser, unidade modelo comum a ambos. Não se afirme que um seja submetido ao outro como subalterno, pois ocorrendo tal, este se predicaria àquele e tal predicamento é falso. Pois não dizemos ser papa o imperador, nem ser imperador o papa. Também não se pode afirmar que se comuniquem na espécie, eis que uma é a essência do papado e outra é a do império. Portanto, são ordenados a outro ser, no qual unificam-se.

A fim de melhor compreender o afirmado acima, tenhamos presente que a relação está para a relação assim como o relativo está para o relativo. Ora, havendo entre papado e império relação de superioridade; devem eles ser ordenados pela mesma relação da qual procedem; e sendo relativos o papa e o imperador, devem ser reduzidos a um ser no qual seja identificada aquela relação de superioridade sem alterações particulares do ser. E será este ser ou Deus, no qual universalmente confluem todas as relações ou será substância inferior a Deus, na qual a relação simples, por efeito de alguma particularidade atenuante veio a tornar-se relação de superioridade. Resulta estabelecido que o papa e o imperador, enquanto homens, devem ordenar-se por um ser único; enquanto papa e imperador, ordenar-se por outro ser; e esta afirmativa é suficiente para rebater o argumento pertinente ao direito natural.

---

[61] Ficino deixa claro tratar-se de *Ética*, X, 5. Mas Dante remete com precisão o leitor para "alla fine dell'Ettica", talvez, conforme o entendimento de bom número de críticos, trata-se do comentário tomístico de *Ética*, IX, 4.

XIII. QUE A AUTORIDADE DO IMPÉRIO NÃO TEM CAUSA NA AUTORIDADE DO PAPA ASSIM SE PROVA: NÃO DEPENDE DE UMA CAUSA AQUELE EFEITO QUE POSSA EXISTIR SEM AQUELA CAUSA

Rejeitados os erros apresentados como argumentos pelos que afirmam depender a autoridade do Príncipe Romano daquela do Pontífice Romano, retomo a justificação desta terceira parte do meu trabalho. A verdade do que afirmo estará suficientemente estabelecida, pois, invocando princípio anteriormente debatido[62], demonstrarei que a autoridade imperial promana diretamente da sumidade sobre os seres: Deus. Provarei não ser a autoridade da Igreja a origem da autoridade do Império porquanto somente a autoridade daquela suscita debates. Depois, provarei que a autoridade do Império depende diretamente de Deus.

Que a autoridade da Igreja não seja a causa daquela do Império assim se prova: não depende de uma causa aquele efeito que possa existir sem tal causa. E já em tempo em que a Igreja não existia ou não atuava, o Império exercia o poder em plenitude. Por conseguinte, a Igreja não é a causa do poder do Império, nem da autoridade dele, sendo como são, uma só coisa o poder e a autoridade. Seja A a Igreja, B o Império, C a autoridade ou o poder do Império. Inexistindo A, C permanece em B comprovando não ser A a causa de C residir em B sendo como é impossível que o efeito preceda a causa. Mais: se A não atua, e C está em B, é impositivo não ser A a causa de C residir em B, pois faz-se necessário que a causa exista, para que se produza o efeito, mormente quando se considera uma causa eficiente, qual é a que vimos tratando. Nesta demonstra-

---

[62] Dante, *Monarquia*, III, ii: Deus não deseja aquilo que contraria a natureza.

ção, a proposição maior está evidenciada pelos termos; a menor vem confirmada por Cristo e pela Igreja. Por Cristo com o seu nascer e o seu morrer, conforme manifestado antecedentemente; pela Igreja, com o dizer de Paulo nos *Atos dos Apóstolos*[63]: "estou diante do tribunal de César, é lá que devo ser julgado". E quando pouco depois, o Anjo de Deus lhe disse[64]: "Não temas, Paulo, é preciso que compareças diante de César". E ainda quando referindo-se aos judeus na Itália, Paulo afirmou[65]: "opondo-se-me os judeus, vi-me obrigado a apelar para César, sem intentar contudo acusar em alguma coisa a minha nação mas para salvar a minha alma da morte". Se desde então César não possuísse autoridade para julgar as pendências temporais, nem Cristo a teria mencionado, nem o Anjo teria pronunciado aquelas palavras, nem aquele que afirmou[66] "desejo morrer e estar com Cristo" apelaria para juiz sem competência. Ainda mais: se Constantino não dispusesse de autoridade, teria sido sem direito que fizera doações e ajudara a Igreja e portanto ilegitimamente usaria delas a Igreja pois Deus exige que os dons sejam imaculados, de acordo com o expresso no Levítico[67]: "Toda a oferta que se fizer ao Senhor, será sem fermento". Embora tal ditame pareça referir-se apenas aos ofertantes obriga também aos aceitantes. Constituiria estultícia o admitir que Deus permite receber o que veta oferecer. Ademais, no mesmo livro prescreve-se aos levitas[68]: "Não queirais conta-

---

[63] *Atos dos Apóstolos*, XXV, 10.
[64] *Atos dos Apóstolos*, XXVII, 24.
[65] *Atos dos Apóstolos*, XXVIII, 19. A tradução do Pe. Matos Soares, que vimos seguindo, omite as palavras "mas para salvar a minha alma da morte", constantes da tradução de Ficino.
[66] São Paulo, *Epístola aos Filipenses*, I, 19. Também neste caso deixamos a tradução da Bíblia pelo Pe. M. Soares que nos dá: "tendo desejo de ser desatado (da carne), e estar com Cristo...".
[67] *Levítico*, II, 11.
[68] *Levítico*, XI, 43.

minar as vossas almas, nem toqueis alguma destas coisas, para não ficardes impuros". Afirmar que a Igreja conserva ilegitimamente o patrimônio recebido seria grave erro portanto, falsa seria também a pretensão da qual decorreu esta conclusão.

XIV. PROVA-SE NÃO POSSUIR A IGREJA PODER PARA CONCEDER AUTORIDADE AO PRÍNCIPE ROMANO, PORQUANTO NÃO RECEBEU TAL PODER NEM DE DEUS, NEM DE SI MESMA, NEM DE OUTRO IMPERADOR, NEM DO CONSENTIMENTO DE TODOS OS HOMENS, NEM DA MAIOR PARTE DOS HOMENS

Além do exposto, se a Igreja dispusesse do poder de conceder autoridade ao Príncipe Romano, tê-lo-ia recebido ou de Deus, ou de si, ou de outro imperador, ou do consentimento de todos os homens ou, pelo menos, da maior parte dos homens. Não há outra via pela qual aquele poder pudesse ter sido concedido à Igreja. Mas nenhuma dessas fontes lho outorgou. Portanto, ela não o possui.

E de que não o recebeu de nenhuma daquelas fontes dá-se provas: tivesse-o recebido de Deus e a concessão teria ocorrido por efeito de lei ou divina ou natural; porquanto o que se recebe da natureza recebe-se de Deus, mas o contrário não pode ocorrer. Mas não recebeu por lei natural eis que a natureza não põe lei senão aos seus efeitos, conquanto Deus não seja insuficiente para produzir qualquer efeito sem o concurso de agentes secundários. E não sendo a Igreja efeito da natureza mas de Deus, que disse[69] "sobre esta pedra edificarei a mi-

---

[69] São Mateus, *Evangelho*, XVI, 18.

nha Igreja"; e de outra vez afirmou[70]: "acabei a obra que me deste a fazer"; resulta manifesto não ter ela recebido da natureza a sua lei. Também não foi da lei divina que recebeu poder; eis que todas as leis divinas estão recolhidas aos dois Testamentos, em cujo texto não consigo localizar onde o cuidado com as coisas temporais haja sido atribuído ao antigo ou ao novo sacerdócio. Antes, constato que os primeiros sacerdotes foram afastados explicitamente desses cuidados por ordem de Moisés[71] e quanto aos do segundo sacerdócio pelas palavras de Cristo aos discípulos[72]: De tais cuidados não seria possível afastar os sacerdotes se a autoridade sobre o governo temporal dependesse do sacerdócio; pois a este aqueles cuidados seriam impostos juntamente com a investidura da autoridade, seguindo-se atenção ininterrompida para que a investida autoridade não se desviasse do rumo.

Que ela não recebeu o poder de si mesma, claramente se evidencia. Ninguém pode dar aquilo que não possui. Segundo nos diz a *Metafísica*[73]: "o agente que entenda produzir um efeito, deverá possuir quanto pretenda produzir". Ora, se a Igreja concedeu-se tal poder, não o possuindo antes de concedê-lo, ter-se-ia concedido aquilo que não possuía, o que é impossível.

E que não o recebeu de outro imperador, dissemo-lo suficientemente, acima.

E quem afirmaria haver ela recebido tal poder do consentimento universal ou pelo menos da maioria dos homens quando se sabe que não apenas os africanos e os asiáticos mas também a maior parte dos europeus contestam esse poder? Torna-se fastidioso, em casos tão evidentes, aduzir mais provas.

---

[70] São João, *Evangelho*, XVIII, 4.
[71] Livro dos *Números*, XVIII, 20: E o Senhor disse a Arão: "Vós não possuireis nada na sua terra, nem tereis parte alguma entre eles; eu sou a tua parte e a tua herança".
[72] São Mateus, *Evangelho*, X, 9: "Não queirais possuir ouro nem prata, nem tragais dinheiro nas vossas cinturas".
[73] Aristóteles, *Metafísica*, IX, 8.

VX. O QUE É CONTRÁRIO À NATUREZA DE UM SER, NÃO SERÁ FACULDADE DO MESMO SER

Ao acima dito acrescentemos: o que é contrário à natureza de um ser não poderá ser faculdade do mesmo ser, eis que as faculdades são concedidas a um ser para que ele possa alcançar os próprios fins. Mas a faculdade capaz de instituir autoridade para o mando das nossas coisas mortais é contrária à natureza da Igreja, portanto, não faz parte das faculdades da Igreja.

A fim de provar a premissa menor, tenhamos presente que a natureza da Igreja é a sua forma. Se bem que a palavra natureza possa referir-se tanto à matéria quanto à forma, é mais precisamente à forma que ela se refere, concordemente à Aristóteles, na *Física*[74]. E a forma da Igreja não é outra senão a vida de Cristo no seu dizer e no seu fazer. De fato, a Sua vida constitui-se em exemplo para a Igreja militante, especialmente para os pastores e máxime para o Sumo Pontífice, cuja missão é apascentar cordeiros e ovelhas. Ele mesmo, no livro de João[75] dá a sua vida como modelo: "dei-vos o exemplo, para que, como eu vos fiz, assim façais vós também". E diretamente a Pedro, a quem confiou a missão do pastoreio, disse, segundo se pode ler em João[76]; "segue-me". Cristo, porém, ante Pilatos, renunciou ao mando temporal, com o afirmar[77]: "O meu reino não é deste mundo; se o meu reino fosse deste mundo, certamente que os meus ministros se haviam de esforçar para que eu não fosse entregue aos judeus; mas o meu reino não é daqui". Não se entenda de tais palavras que Cristo, que é Deus, não seja

---

[74] Aristóteles, *Física*, II, 1.
[75] São João, *Evangelho*, XIII, 15.
[76] São João, *Evangelho*, XXI, 19.
[77] São João, *Evangelho*, XVIII, 36.

senhor do reino temporal porque no dizer do Salmo[78]: "Seu é o mar, e ele o fez, e as suas mãos formaram a terra enxuta". Aquelas palavras, pronunciou-as Cristo enquanto homem, dando à Igreja modelo do seu desinteresse pelas coisas do reino temporal. À guisa, tudo isto, de um sinete gravado em ouro que de si afirmasse: "não sou modelo para gênero algum". Isso diria, não enquanto ouro, porque o ouro é o padrão para os metais, sim enquanto sinete, isto é, um sinal transmitido por impressão. Para a Igreja, a missão fundamental é a de entender e transmitir aqueles ensinamentos. Manifestar-se diversamente é contrariar a missão, o mesmo que contrariar a natureza. Disto resulta que o poder de conferir autoridade ao reino temporal é contrário à natureza mesma da Igreja. Efetivamente, a incongruência no opinar e no dizer deriva da incongruência no objeto da opinião ou das palavras; assim como o verdadeiro ou o falso no discurso resulta do ser ou do não-ser das coisas, de acordo com a doutrina dos Predicamentos.

Mercê, pois, dos argumentos acima desenvolvidos, mostrando o quanto há de inconveniente na opinião sustentada por aquelas pessoas, provamos que a autoridade do Império em nada depende da autoridade da Igreja.

XVI. O IMPERADOR DEPENDE DIRETAMENTE DE DEUS, PRÍNCIPE DO UNIVERSO

Se bem que no capítulo precedente, argumentando com os inconvenientes tenhamos comprovado que a autoridade do Império não depende do Pontífice; não demonstramos senão

---

[78] Davi, *Salmos*, XCIV, 5.

por via de conseqüência que a autoridade imperial depende diretamente de Deus. Com efeito, é conseqüência reta que se tal autoridade não depende do Vigário de Deus, depende diretamente de Deus.

Para bem cumprir esse propósito demonstrativo, provaremos pela forma mais acabada que o imperador, monarca do mundo, depende diretamente de Deus — Príncipe do Universo. Para mais facilmente entender o afirmado, considere-se que apenas o homem, entre todas as criaturas situa-se a meio entre o corruptível e o incorruptível, razão pela qual foi com propriedade que filósofos o compararam ao horizonte que medeia os hemisférios. Com efeito, se considerada uma e outra das suas partes essenciais, alma e corpo, é corruptível pelo e incorruptível pela alma. Com acerto disse Aristóteles no livro segundo do *De Anima* ao tratar da incorruptibilidade: "somente isto se pode separar, como perpétuo, do corruptível". Portanto, se o homem medeia o corruptível e o incorruptível; e se o meio participa da natureza dos extremos, impõe-se que o homem possua de uma e de outra natureza. E porque toda natureza tende para um fim último, conclui-se existir o homem para um fim duplo. Entre os seres, é o único ao mesmo tempo corruptível e incorruptível. É, pois, entre todos os seres, o único ordenado para dois fins; dos quais um lhe é próprio enquanto ser corruptível, o outro, enquanto ser incorruptível.

A Providência, que jamais erra, deu ao homem dois fins: a beatitude na vida presente, que consiste no exercitar as próprias virtudes e figurada pelo paraíso terrestre. O outro fim é a beatitude na vida eterna, que consiste na fruição do divino à cuja presença (o homem) não pode ascender se a sua virtude não for socorrida pela luz celestial, e isto se entende que seja o paraíso celestial. A estas beatitudes, como se chega a diferentes conclusões, deve-se chegar por diferentes meios. Alcançamos a primeira graças a doutrinas filosóficas, uma vez que aceitemos tais ensinamentos e pratiquemos virtudes morais e intelectuais. A segunda, observando doutrinas espirituais que transcendam à razão humana, desde que exercitadas de acordo com as virtudes teologais: Fé, Esperança e Caridade. Essas conclusões e esses meios, tornados patentes quer pela razão humana manifestada claramente nos escritos dos filósofos, quer pelo Espírito Santo, o qual, por intermédio dos profetas e dos escritores religiosos, bem como pelo eterno Filho de Deus, Jesus Cristo e pelos apóstolos d'Ele nos revelou as verdades sobrenaturais de que necessitávamos; essas conclusões e esse meios, como dizia, resultariam menosprezados pela cupidez dos homens se estes, na sua inconseqüência, não fossem mantidos no caminho certo, com o freio e com o chicote[79] como se faz aos cavalos.

Ao homem, portanto, em atenção ao seu fim duplo resultou necessário um poder duplo: o do Soberano Pontífice, o qual, conforme a revelação, orienta o gênero humano para a felicidade espiritual; e o do Imperador que, segundo os ensinamentos dos filósofos, conduz os homens para a felicidade temporal. E porque e a este porto, homem algum, ou poucos e dificilmente hão de chegar se a humanidade não repousar, liberta, na tranqüilidade da paz depois de amansadas as vagas das paixões; o objetivo a que deve, preferentemente, visar o soberano da terra, Príncipe Romano, é o de nesta habitação mortal fazer com que os homens vivam livremente em paz. E porque a disposição deste nosso

---

[79] "... freios e chicotes...": o tema aparece também na *Divina Comédia*. Em Purgatório, XIV, 143 e segs. lê-se: "Este troar deveria significar para o homem freio capaz de contê-lo em seus limites. Mas mordeis sempre o anzol, aceitando a isca que o demônio vos estende, pouco valendo freio ou advertência". Intérpretes de *Monarquia*, julgam a frase inspirada por *Salmos* XXXI, 9: "Não queirais ser como o cavalo e o mulo, que não têm entendimento. Com o cabresto e o freio sujeita (ó Senhor), as suas queixadas, quando não quiserem aproximar-se de ti".

mundo reflete a disposição das esferas celestes; para que os princípios da paz com liberdade sejam amplamente aplicados aos diferentes tempos e lugares faz-se necessário que o imperador terreno seja inspirado por Aquele que ordenou a superior disposição dos céus, a fim de que por essa suma ordenação, às suas doutrinas todas as coisas se ajustassem. Assim sendo, somente Deus elege, somente Deus confirma, pois ninguém é superior a Ele. Do que se retira que nem os que ora se dizem eleitores, nem os que no passado disseram-se tal podem assim intitular-se, mas chamar-se reveladores da Divina Providência. Decorre que se freqüentes vezes discordam os que detêm a faculdade de revelar tais desígnios, deve-se esse divergir a que todos, ou pelo menos alguns, por causa do obscurecimento da razão provocado pela névoa da cupidez não discernem as feições eleitas pela disposição divina.

Resulta evidente que a autoridade do monarca temporal chega até ele sem intermediário, desde a Fonte universal da autoridade, a qual Fonte, do âmago da sua unicidade, por múltiplos veios esparge abundantemente a linfa da bondade divina.

Neste ponto, creio ter cumprido satisfatoriamente o propósito deste livro. Está comprovada a veracidade das questões propostas: na primeira, que para o bem-estar universal o monarca é necessário; na seguinte, debatendo se o povo romano legitimamente é que se atribuíra o império e, por fim, nesta terceira, discutindo se a autoridade do imperador depende diretamente de Deus ou se de outro homem.

A verdade estabelecida para este último tema não deve porém levar ao entendimento de que o Príncipe Romano em coisa alguma esteja sujeito ao Pontífice Romano, dado que, de certo modo a felicidade temporal é ordenada pela felicidade espiritual. Tenha pois César para com Pedro a reverência que o filho primogênito soe manter em relação ao progenitor; a fim de que, iluminado pela luz da graça paterna, com mais clareza governe o círculo da terra cujo mando recebeu de quem é o Governante de todas as coisas espirituais e temporais.